Genette · Fiktion und Diktion

D1726220

Bild und Text

herausgegeben von

GOTTFRIED BOEHM
KARLHEINZ STIERLE

1992

GÉRARD GENETTE

Fiktion und Diktion

Aus dem Französischen
von HEINZ JATHO

WILHELM FINK VERLAG

Titel der französischen Originalausgabe:
Gérard Genette, Fiction et diction
© by Éditions du Seuil, 1991

Die Deutsche Bibliothek – CIP-Einheitsaufnahme

Genette, Gérard:
Fiktion und Diktion / Gérard Genette. Aus dem Franz.
von Heinz Jatho. – München: Fink, 1992
   (Bild und Text)
   Einheitssacht.: Fiction et diction <dt.>
   ISBN 3-7705-2771-2

ISBN 3-7705-2771-2
© der deutschen Ausgabe: Wilhelm Fink Verlag München, 1992
Gesamtherstellung: Graph. Großbetrieb F. Pustet, Regensburg

Inhalt

Zum Thema

Die vier folgenden Studien behandeln auf verschiedene Weise die Fragen der *Grundformen* (*régimes*), der *Kriterien* und der *Modi* von Literarität, als welche seit Roman Jakobson der ästhetische Aspekt der Literatur – sie besitzt selbstverständlich auch viele andere – definiert wird. Es geht also darum, zu präzisieren, unter welchen Voraussetzungen ein oraler oder geschriebener Text als „literarisches Werk" oder allgemeiner als ein (sprachliches) *Objekt mit ästhetischer Funktion* aufgefaßt werden kann – eine Gattung, die als eine besondere Spezies die *Werke* umfaßt, eine Spezies, welche unter anderem durch den (als solchen auch wahrgenommenen) intentionalen Charakter der Funktion definiert ist.

Eine annähernde Entsprechung zu diesem Unterschied der Extension besteht zwischen den beiden *Grundformen* von Literarität: zwischen der konstitutiven, welcher durch einen Komplex von Intentionen, Gattungskonventionen und kulturellen Traditionen aller Art garantiert ist, und der *konditionalen*, welcher von einer subjektiven und stets widerruflichen Wertschätzung abhängt.

Die sehr theoretische (und vielfach unbemerkte) Kategorie der Grundform trifft auf eine andere, viel deutlicher wahrnehmbare, die in gewisser Weise senkrecht zu ihr steht: auf die des empirischen *Kriteriums*, worauf sich, und sei es auch nachträglich, eine Literaritätsdiagnose gründet. Dieses Kriterium kann *thematisch*, also auf den Inhalt des Textes (worum geht es?) bezogen sein, oder *formal*, beziehungsweise allgemeiner, *rhematisch*, das heißt auf den Charakter des Textes selbst und den von ihm exemplifizierten Diskurstyp bezogen.

Die Kreuzung dieser beiden Kategorien führt zu einem Bild der *Modi* von Literarität. Doch sind die Modi darauf nicht gleichartig und symmetrisch angeordnet. Das thematische Kriterium, das seit Aristoteles am häufigsten und legitimerweise angeführt wird, die *Fiktionalität,* fungiert immer als konstitutiver Kasus: ein (sprachliches) fiktionales Werk gilt fast unausweichlich, unabhängig von jedem Werturteil, als literarisch, vielleicht weil die von ihm geforderte Haltung des Lesers (das berühmte „freiwillige Zurückstellen des Zweifels") eine Haltung der „Interesselosigkeit" im kantischen Sinne gegenüber der wirklichen Welt ist. Das rhematische Kriterium dagegen kann durch *Diktion* zwei Modi von Literarität bestimmen. Der eine (die Poesie) gehört der konstitutiven Grundform an: auf welche Weise man auch die poetische Form definiert, ein Gedicht ist immer ein literarisches Werk, weil die (variablen) formalen Merkmale, die es als Gedicht bestimmen, auf nicht weniger offensichtliche Weise ästhetischer Art sind. Der andere Diktionsmodus (die nicht-fiktionale Prosa) kann nur auf konditionale Weise als literarisch aufgefaßt werden, das heißt auf Grund einer individuellen Haltung, wie etwa der Stendhals gegenüber dem Stil des Code civil.

Dies ist das Grundpostulat dieses kleinen Buchs und der Gegenstand seines ersten Kapitels. Die beiden folgenden beziehen sich spezifischer auf den Fiktionsdiskurs. Das erste versucht, dem von John Searle eröffneten Weg folgend, den Status, den narrativ-fiktionale Aussagen als Sprechakte einnehmen, zu bestimmen. Diese Aussagen, die das vorgeblich von ihnen beschriebene Universum begründen, bestehen nach Searle aus „fingierten" Assertionen, solchen also, die sich als Assertionen darstellen, ohne die pragmatischen Validitätsbedingungen dafür zu erfüllen. Diese Definition ist für mich unbestreitbar, aber unvollständig: wenn die fiktionalen Aussagen keine echten Assertionen sind, dann bleibt zu präzisieren, welcher Art von Sprechakten sie dann angehören.

Das dritte Kapitel geht von einer historischen Feststellung

aus: die Narratologie hat sich fast ausschließlich mit den Formen der fiktionalen Erzählung beschäftigt, so als ob diese Beobachtungen automatisch auch auf nichtfiktionale Erzählungen – die Geschichtsschreibung, die Autobiographie, die Reportage oder das Tagebuch – übertragbar wären. Ohne mich auf eine, höchst notwendige, empirische Untersuchung auf diesem Gebiet einlassen zu wollen, versuche ich hier, auf eine eher deduktive und schematische Weise anzugeben, welche vorhersehbaren Konsequenzen der fiktionale oder „faktuale" Charakter einer Erzählung haben kann: hinsichtlich der Tempusgestaltung, der Frage der von ihr gewählten Distanz und des Blickpunktes, der narrativen „Stimme" sowie – vielleicht der relevanteste Zug – der Beziehung, welche die beiden Instanzen des Erzählers und des Autors miteinander unterhalten.

Die letzte Studie behandelt wieder das Gebiet der Diktion, und zwar unter dem konditionalsten Aspekt, nämlich dem des *Stils*. Die von den Linguisten ererbte Definition („Der Stil ist die expressive Funktion der Sprache") verlangt, wenn sie nicht eine enge, affektivistische Konzeption der „stilistischen Fakten" fördern will, selbst eine Interpretation in semiotischen Begriffen. Der zweifelhafte Begriff *Expression* (Ausdruck) verwickelt uns in eine langwierige Untersuchung, die im Zickzack von Bally zu Frege (*Sinn* und *Denotation*), von Frege zu Sartre (*Sinn* und *Bedeutung*) und von Sartre zu Nelson Goodman führt – letzterer liefert uns in der Unterscheidung zwischen *Denotation* und *Exemplifikation* das Mittel, auf eine klarere, umfassendere und nüchternere Weise die Beziehung zwischen Sprache und Stil, also zwischen der semantischen Funktion des Diskurses und dem Aspekt seiner „Perzeptibilität", zu analysieren.

Man mag die Konvergenz dieser scheinbar heterogenen Modi – einerseits des fiktionalen Charakters einer Geschichte und andererseits der Weise, wie ein Text, abgesehen von dem, was er *sagt*, zu erkennen und zu beurteilen gibt, was er *ist* – in ein und derselben Funktion für obskur oder problematisch halten. Ich vermute, daß die Gemeinsamkeit in einer Trübung der Transparenz des Diskurses besteht: im einen Fall (Fiktion), *weil* sein Objekt mehr oder weniger explizit als inexistent gesetzt wird; im anderen Fall (Diktion), *unter der Bedingung,* daß dieses Objekt für weniger wichtig gilt als die inneren Eigenschaften des Diskurses selbst.

Die Frage nun, inwiefern diese relative Opazität, ungeachtet ihrer Modi und ihrer Ursachen, ein eigentlich ästhetisches Merkmal darstellt, verlangt offensichtlich eine breitere Untersuchung, welche die entschieden zu engen Grenzen der Poetik überschreiten würde.[1]

---

1 Kap. II ist unter dem Titel „Le statut pragmatique de la fiction narrative" in *Poétique,* 78, April 1989, erschienen, und auf englisch unter dem Titel „The Pragmatic Status of Narrative Fiction", in *Style,* 24–1, Frühjahr 1990. Kap. III erscheint auf englisch unter dem Titel „Fictional Narrative, Factual Narrative", in *Poetics Today.* Ich danke diesen Zeitschriften für die freundliche Druckerlaubnis.

1. Fiktion und Diktion

Müßte ich nicht fürchten, mich lächerlich zu machen, so könnte ich diese Studie mit dem allerdings recht abgenutzten Titel „Was ist Literatur?" versehen – eine Frage, die der berühmte Text, der so heißt, bekanntlich nicht wirklich beantwortet, was schließlich auch sehr weise ist: auf eine dumme Frage keine Antwort; wirklich weise wäre es wohl, die Frage nicht zu stellen. Die Literatur besteht zweifellos aus *mehreren* Dingen gleichzeitig, Dingen, die (beispielsweise) durch jenes eher lockere, von Wittgenstein „Familienähnlichkeit" genannte Band miteinander verknüpft sind, und die nur schwer oder, gemäß einer Unschärferelation ähnlich der aus der Physik bekannten, gar nicht in ihrer Gesamtheit beurteilt werden können. Ich halte mich also an einen einzigen dieser Aspekte, denjenigen, der mir, nebenbei, auch am wichtigsten ist, nämlich den ästhetischen. In der Tat besteht ein fast universaler, wenn auch häufig vergessener Konsens, daß die Literatur unter anderem eine Kunst ist, und nicht weniger universal ist die Evidenz, daß das spezifische Material dieser Kunst die „Sprache" ist – das heißt, wohlgemerkt, *die Sprachen* (denn es gibt, wie es Mallarmé nüchtern ausdrückte, „mehrere").

Die geläufigste und von mir daher als Ausgangspunkt gewählte Formel ist die folgende: die Literatur ist die Kunst der Sprache. Ein Werk ist nur dann literarisch, wenn es, ausschließlich oder essentiell, das sprachliche Medium benutzt. Doch diese notwendige Bedingung ist offensichtlich nicht hinreichend: von allen Materialien, welche die Mensch-

11

heit neben anderen zu künstlerischen Zwecken benutzen kann, ist die Sprache vielleicht am wenigsten spezifisch, am wenigsten *reserviert* für diesen Zweck, und daher dasjenige, das am wenigsten geeignet ist, seinen Gebrauch als eine künstlerische Aktivität zu qualifizieren. Es ist keineswegs sicher, daß der Gebrauch der Töne oder der Farben zur Definition von Musik und Malerei genügt, sicher ist aber, daß der Gebrauch der Worte und Sätze nicht zur Definition der Literatur und noch weniger zur Definition der Literatur als Kunst ausreicht. Diese negative Besonderheit hatte einst Hegel hervorgehoben, der in der Literatur – und eigentlich sogar in der Poesie – eine in konstitutiver Weise unentschiedene und prekäre Tätigkeit sah, „an welcher die Kunst sich aufzulösen beginnt und für das philosophische Erkennen ihren Über-gangspunkt zur religiösen Vorstellung als solcher, sowie zur Prosa des wissenschaftlichen Denkens erhält"[1]; in freier, er-weiternder Übersetzung würde das heißen: zur Prosa der ge-wöhnlichen, nicht nur religiösen und wissenschaftlichen, son-dern auch utilitären und pragmatischen Sprache. Und offen-sichtlich war es diese Eigenheit der Sprache, ständig in allen Richtungen ihre ästhetischen Grenzen zu überschreiten, die Roman Jakobson veranlaßt hat, den Gegenstand der Poetik nicht in der Literatur als einem bloßen Faktum oder empiri-schen Befund, sondern in der *Literarität* zu sehen, definiert als das, „was aus einer verbalen Botschaft ein Kunstwerk macht".[2]

Wir wollen diese Definition der Literarität als ästhetischer Aspekt der literarischen Praxis aus Konvention akzeptieren, und aufgrund methodischer Entscheidung die Restriktion der Poetik auf die Untersuchung dieses Aspekts; die Frage, ob ihre anderen Aspekte – etwa die psychologischen oder ideo-logischen – faktisch oder rechtmäßig nicht auch in die Zustän-digkeit dieser Disziplin fallen, lassen wir beiseite. Ich erinnere

---

1 *Ästhetik*, „Die Poesie", Einleitung.
2 *Essais de linguistique générale*, Paris, 1963, S. 210.

jedoch daran, daß für Jakobson die Frage, die der Gegenstand der Poetik ist („was aus einer sprachlichen Botschaft ein Kunstwerk macht"), zugleich zwei „spezifische Unterschiede" berührt: nämlich was „die Kunst der Sprache von anderen Künsten", sowie was sie von „den anderen Arten sprachlicher Praxis" trennt.[1] Wieder lasse ich den ersten dieser zifischen Unterschiede" beiseite, den, welcher sich auf die von Etienne Soriau so genannte „vergleichende Ästhetik" oder genauer auf die vergleichende Ontologie der verschiedenen Künste bezieht. Die Differenz, um die es uns hier geht und die in der Tat die meisten Poetiker seit Aristoteles beschäftigt hat, ist also die, welche, indem sie eine „sprachliche Botschaft zum Kunstwerk" macht, diese nicht von anderen Kunstwerken unterscheidet, sondern von „den anderen Arten verbaler" – oder sprachlicher – „Praxis".

Zunächst ist eine erste, für das naive Bewußtsein naheliegende Antwort zurückzuweisen, von der ich freilich bemerken muß, daß die Poetik sie meines Wissens niemals vertreten hat: daß nämlich das Spezifische des Literarischen als Kunst in der Schriftlichkeit im Gegensatz zur Oralität bestünde, daß die Literatur also, entsprechend der Etymologie, an den skripturalen Zustand der Sprache gebunden sei. Zur Widerlegung einer solchen Antwort genügt es, auf unzählige nichtkünstlerische Formen des Umgangs mit der Schrift sowie umgekehrt auf ebenso unzählige improvisierte oder nichtimprovisierte künstlerische Manifestationen primär oder sekundär oraler Art hinzuweisen. Die Naivität einer solchen Antwort beruht zweifellos auch darauf, daß sie einen Grundzug der Sprache als System und einer jeden verbalen Aussage als Botschaft vergißt – ihre Idealität nämlich, die ihr wesentlich ermöglicht, die Besonderheiten ihrer verschiedenen Materialisationen –

---

1 *Ibid.*

seien sie phonisch, graphisch oder anderer Art – zu transzendieren. Ich sage „wesentlich", denn diese Transzendenz hindert sie keineswegs daran, sich mancher dieser Ressourcen, die der Übergang von einem Register zum anderen übrigens nicht völlig ausschaltet, in marginaler Weise zu bedienen: So sind wir durchaus imstande, bei stummer Lektüre mit den Augen den Klang eines Gedichts zu bewerten, so wie ein geübter Musiker allein durch das Studium der Partitur den einer Symphonie beurteilen kann. Die Literatur ist, was die Malerei für Leonardo war, nämlich *cosa mentale,* und dies auf Grund der Idealität ihrer Werke in gesteigertem Maße.

Wir können also Jakobsons Frage in dieser erweiterten, oder vielmehr gegen jede mißbräuchliche Restriktion gesicherten Form wieder aufnehmen: „Was macht aus einem oralen oder geschriebenen Text ein Kunstwerk?" Jakobsons Antwort auf diese Frage ist wohlbekannt – ich werde auf sie zurückkommen –, aber da sie nur eine der möglichen und sogar existierenden Antworten ist, will ich mich zunächst mit der Frage selbst beschäftigen. Man kann sie, wie mir scheint, auf zwei recht verschiedene Weisen verstehen.

Die erste besteht darin, die Literarität bestimmter Texte in gewisser Weise für gesichert, definitiv und universell wahrnehmbar zu halten und die Frage nach den objektiven, dem Text selbst inhärenten oder immanenten, ihn unter allen Umständen begleitenden Gründen dafür zu stellen. Jakobsons Frage liest sich dann folgendermaßen: „Welches sind die Texte, die Werke *sind?"* Die Theorien der Literarität, die implizit einer solchen Interpretation zugrundeliegen, werde ich *konstitutivistisch* oder *essentialistisch* nennen.

Die zweite Interpretation versteht die Frage ungefähr folgendermaßen: „Unter welchen Bedingungen oder Umständen kann ein Text ohne innere Modifikation ein Werk *werden?"* – und damit wohl auch umgekehrt (auf die Modalitäten dieser Reziprozität werde ich noch zurückkommen): „Unter welchen Bedingungen oder Umständen kann ein Text ohne

innere Modifikation *aufhören,* ein Werk zu sein?" Die dieser
zweiten Interpretation zugrundeliegende Theorie nenne ich
die *konditionalistische* Theorie der Literarität. Zusätzlich zu
illustrieren wäre sie durch eine Anwendung der berühmten
Formel von Nelson Goodman[1]: nämlich durch Ersetzung der
Frage *What is art?* durch die Frage *When is art?* – durch
Ersetzung also der Frage „Was ist Literatur?" durch die Frage
„Wann ist es Literatur?". Da wir mit Jakobson angenommen
haben, daß eine Theorie der Literarität eine Poetik ist – dieser
Term diesmal nicht im schwachen oder neutralen Sinn von
Disziplin, sondern im starken und engagierten von *Doktrin*
oder zumindest *Hypothese* –, würde ich die erste Version als
essentialistische und die zweite als *konditionalistische Poetik*
bezeichnen; und ich würde hinzufügen, daß die erste Version
für die *geschlossenen,* die zweite für die *offenen* Poetiken
charakteristisch ist.

Der erste Typ ist, in einem sehr weiten, bisweilen über den
offiziellen Klassizismus hinausgehenden Sinn, der der „klassischen" Poetiken. Sein Prinzip besagt, daß manche Texte
dem Wesen nach oder von Natur aus literarisch sind, und das
auf ewig, und andere nicht. Aber die derart beschriebene
Einstellung definiert lediglich, ich erinnere daran, eine Interpretation der Frage, oder, wenn man will, eine Weise, die
Frage zu *stellen.* Sie ist also selbst je nach der Weise, wie sie
ihre eigene Frage *beantwortet,* das heißt je nach den von ihr
vorgeschlagenen Kriterien der Trennung literarischer Texte
von nicht literarischen, zu Varianten imstande – anders gesagt, je nach der Wahl des Kriteriums für die konstitutive
Literarität. Die Poetik hat, wie ihre Geschichte zeigt, explizit
oder implizit für zwei mögliche Kriterien optiert, die ich grob
als *thematisch* und *formal* bezeichnen möchte. Obwohl es mir
hier nicht um Historisches geht, bemerke ich jetzt schon, daß

---

1 „Quand y a-t-il art?" (1977), in D. Lories, *Philosophie analytique et
Esthétique,* Paris, 1988.

die Geschichte der essentialistischen Poetik als eine langsame und mühsame Anstrengung beschrieben werden kann, vom thematischen zum formalen Kriterium überzugehen, oder zumindest doch dem letzteren seinen Platz neben dem ersteren zu sichern.

Das kraftvollste Beispiel der essentialistischen Poetik in ihrer thematischen Version ist offensichtlich die des Aristoteles, von der allgemein bekannt ist, daß sie in verschiedenen Adaptationen mehr als zwanzig Jahrhunderte lang das literarische Bewußtsein des Okzidents bestimmt hat. Es hat, wie ich nicht als erster bemerke[1], ganz den Anschein, als ob Aristoteles auf seine Weise die Schwierigkeit erkannt hätte, die viel später Hegel beschrieben hat, nämlich die mangelnde Spezifik der literarischen Praxis, und entschlossen gewesen sei, sie auf radikalste Weise zu lösen oder zumindest beiseite zu schieben. Die Lösung liegt in zwei Worten, von denen das eine im Grunde lediglich eine Glossierung des anderen ist: *Poiesis* und *Mimesis*.

Poiesis. Dieser Begriff bedeutet, ich erinnere daran, auf griechisch nicht nur „Poesie", sondern umfassender „Schöpfung", und der Name *Poetik* sagt schon, daß dieser Traktat die Weise zum Gegenstand hat, wie die Sprache ein Mittel zur Schöpfung, also zur Produktion eines Werks, sein oder werden kann. Es scheint ganz so, als habe Aristoteles eine Teilung zwischen den beiden Funktionen der Sprache vorgenommen: ihrer gewöhnlichen Funktion, die darin besteht, zu sprechen (*legein*), um zu informieren, zu fragen, zu überreden, zu befehlen, zu versprechen, etc., und ihrer künstlerischen Funktion, die darin besteht, Werke hervorzubringen (*poiein*). Die erste gehört der Rhetorik an – der Pragmatik, würde man heute sagen –, die zweite der Poetik. Doch wie kann die

---

1 Siehe unten die Meinung Käte Hamburgers.

16

Sprache, normalerweise ein Kommunikations- und Handlungsinstrument, zum Mittel der Schöpfung werden? Aristoteles' Antwort ist klar: Schöpfung durch die Sprache kann es nur geben, wenn diese sich zum Vehikel der *Mimesis* macht, also der Darstellung oder vielmehr *Simulation* imaginärer Handlungen und Ereignisse; wenn sie dazu dient, Geschichten zu erfinden oder wenigstens bereits erfundene weiterzugeben. Die Sprache ist schöpferisch, wenn sie in den Dienst der Fiktion tritt, und ich bin nicht der erste, der vorschlägt, *Mimesis* mit *Fiktion* zu übersetzen.[1] Für Aristoteles manifestiert sich die Kreativität des Dichters nicht auf der Ebene der sprachlichen Form, sondern auf der der Fiktion, also auf der der Erfindung und des Aufbaus der Geschichte. „Der Dichter", sagt er, „muß mehr an der Fabel seine schöpferische Dichterkraft bewähren als an Versen. Denn Dichter ist er eben vermöge der nachahmenden Darstellung, und was er darstellt, sind Handlungen."[2] Anders gesagt: die Tätigkeit des Poeten ist nicht die Diktion, sondern die Fiktion. Dieser kategorische Standpunkt erklärt den Ausschluß von jeder nichtfiktionalen Poesie lyrischen, satirischen, didaktischen oder sonstigen Typs aus dem Bereich der Poetik, oder vielmehr deren Fehlen: Empedokles ist für Aristoteles kein Poet, sondern ein Naturforscher; und wenn Herodot in Versen geschrieben hätte, würde das seinen Status als Historiker überhaupt nicht betreffen und ihn keineswegs zum Dichter machen. Umgekehrt ist sicher auch anzunehmen, daß Aristoteles, hätte es die Praxis der Fiktion in Prosa zu seiner Zeit schon gegeben, grundsätzlich keine Einwände gehabt hätte, sie in seine *Poetik* aufzunehmen. Zwanzig Jahrhunderte später wird Huet dies vorschlagen: „Nach Aristoteles' Maxime, der Poet sei mehr durch die von ihm erfundenen Fiktionen Poet als durch die Verse, die er komponiert, kann man die

---

1 *Idem.*
2 *Poetik*, 1451 b.

Romanschreiber zu den Poeten zählen"[1] – und es ist allgemein bekannt, wie Fielding von dieser Ermächtigung zugunsten dessen, was er ein „komisches Epos in Prosa" nannte, Gebrauch machte. Dasselbe gilt wohlgemerkt auch für das Theater in Prosa, das für eine Poetik fiktionalistischen Typs ebenso problemlos ist.

Ich werde die Beschreibung des Systems dieser Poetik nicht weiter fortsetzen. Ich erinnere lediglich daran[2], daß das Feld der Fiktion – mit dem der schöpferischen Poesie also koextensiv – sich in zwei Darstellungsmodi gliedert: den narrativen und den dramatischen; sowie in zwei Dignitätsebenen der dargestellten Gegenstände: die edle und die vulgäre. Daher jene vier großen Gattungen der Tragödie (edler Gegenstand im dramatischen Modus), des Epos (edler Gegenstand im narrativen Modus), der Komödie (vulgärer Gegenstand im dramatischen Modus) und der Parodie (vulgärer Gegenstand im narrativen Modus), welch letztere ganz natürlich durch den modernen Roman ersetzt worden ist. Nicht das System der Gattungen interessiert uns hier, sondern das dabei geltende Kriterium der Literarität, welches sich in folgenden, die Hegelsche Problematik mit der aristotelischen Antwort vermählenden Termen formulieren läßt: das sicherste Mittel, mit dem die Poesie dem Risiko ihrer Auflösung im gewöhnlichen Sprachgebrauch begegnen und zum Kunstwerk werden kann, ist die narrative oder dramatische Fiktion. Genau das schreibt Käte Hamburger, die brillanteste Repräsentantin der neoaristotelischen Poetik heute:

> Und wenn es als befriedigend empfunden werden darf, Einsichten großer gründender Denker sich in den Phänomenen bestätigen zu sehen (so wenig fruchtbar es ist, von ihnen dogmatisch auszugehen), so können wir es als befriedigend bestätigendes Resultat ansehen, daß der Satz Hegels eben dort seine Gültigkeit hat, wo Aristoteles

---

1 *De l'origine des romans*, 1670, S. 5.
2 Cf. *Introduction à l'architexte*, Paris, 1979.

die Grenze zwischen mimetischer und elegischer Kunst gesetzt, wo er das *poiein* vom *legein* abgetrennt hat. Hegels Satz gilt für den Bereich der Dichtung (des deutschsprachig so bezeichneten Gesamtgebildes) nicht oder noch nicht, wo dieser ein Bereich des *poiein*, der Mimesis ist. Hier verhindert die unüberschreitbare Grenze, die das fiktionale Erzählen von jeglicher Wirklichkeitsaussage, und das heißt nichts anderes als vom Aussagesystem der Sprache, abscheidet, daß Dichtung in die „Prosa des wissenschaftlichen Denkens", das heißt also ins Aussagesystem, übergehen kann. Hier wird „gemacht" im Sinne des Gestaltens, des Bildens und Nachbildens, hier ist die gestaltenschaffende Werkstatt des Poietes oder des Mimetes, der sich der Sprache als Material und Instrument der Gestaltung bedient, wie der Maler der Farben, der Bildhauer des Steins.[1]

Es ist offensichtlich diese These (wenn schon nicht ihre Begründung), an die sich, offen und bewußt oder nicht, all diejenigen halten, seien sie Poetiker, Kritiker oder einfache Leser, für welche die Fiktion, genauer noch die narrative Fiktion und damit heute insbesondere der Roman, die Literatur selbst darstellt. Es erweist sich also, daß die fiktionalistische Poetik in der öffentlichen Meinung und beim Publikum, wenn auch vielleicht beim wenigst kultivierten, vorherrschend ist.

Ich bin nicht sicher, daß diese Gunst auf ihrem theoretischen Verdienst beruht, welches einzig uns hier angeht. Dieses Verdienst liegt in der Festigkeit einer in gewisser Weise unüberwindlichen Position oder, wie Käte Hamburger nahelegt, einer sicheren und durchaus undurchlässigen Grenze: ein typischer und manifester Zug der Fiktion, sei sie Vers oder Prosa, narrativ oder dramatisch, ist es, daß sie ihrem Publikum jenes interesselose Wohlgefallen bietet, von dem wir seit Kant wissen, daß es das Kennzeichen des ästhetischen Urteils ist. Der Eintritt in die Fiktion ist gleichbedeutend mit dem Verlassen des gewöhnlichen Sprachgebrauchs, der von der Sorge um die Wahrheit oder um die Überzeugungskraft,

---

1 *Die Logik der Dichtung* Stuttgart, 1968, S. 187–188.

welche die Kommunikationsregeln und die Deontologie des Diskurses bestimmen, geprägt ist. Die fiktionale Aussage ist, wie so viele Philosophen nach Frege wiederholt haben, weder wahr noch falsch (sondern nur, wie Aristoteles gesagt hätte, „möglich"), oder wahr und falsch zugleich: sie ist jenseits oder auch diesseits von Wahr und Falsch, und die mit dem Rezipienten getroffene paradoxe Vereinbarung einer gegenseitigen Nichtverantwortlichkeit ist ein vollendetes Emblem des berühmten interesselosen Wohlgefallens. Wenn es also für die Sprache ein und ein einziges Mittel gibt, sich mit Sicherheit in ein Kunstwerk zu verwandeln, dann ist es ohne Zweifel die Fiktion.

Die Kehrseite dieses Vorteils der Unwiderlegbarkeit besteht jedoch offensichtlich in einer unerträglichen Enge; oder der zu zahlende Preis besteht, wenn man lieber will, in der Ausgrenzung einer allzu großen Anzahl von Texten und selbst Gattungen, deren künstlerischer Charakter sehr wohl evident, wenn auch nicht automatisch gesichert ist – woran ich oben im Zusammenhang mit Aristoteles erinnert habe. Trotz ihrer weitgehenden Treue zum fiktionalistischen Prinzip hat die klassische Poetik dem Druck dieser Evidenz nicht unbegrenzt standhalten können, zumindest was die unter dem archigenerischen Term *lyrische Poesie* bequem zusammengefaßten nichtfiktionalen Gattungen der Poesie betrifft. Ich werde auf die Einzelheiten dieser Geschichte, die ich andernorts unter einem anderen Blickwinkel erzählt habe, nicht eingehen. Sie hat seit der italienischen und spanischen Renaissance zur Aufteilung des poetischen Gebiets in drei große „Typen" geführt: in zwei fiktionale – den narrativen oder „epischen" und den dramatischen, sowie einen nichtfiktionalen, den lyrischen. Diese Einbeziehung des Lyrischen geschieht bald etwas verstohlen auf rein empirische Weise in zahllosen „Poetiken", die sämtlich mehr oder weniger zusammengebastelte Auflistungen von fiktionalen und nicht fiktionalen Gattungen (ein Unterschied, über den man diskret hinweggeht) vorweisen; bald expliziter und argumentierend, indem man versucht, eine nichtaristotelische Fracht unter aristotelischer Flagge segeln zu lassen – etwa, indem man das Lyrische zu einem der drei fundamentalen Modi der Äußerung macht (worin der Poet ständig in eigenem Namen redet, ohne je das Wort einer weiteren Person zu geben), während es für Aristoteles wie schon für Platon nur Modi der mimetischen Darstellung und damit der Fiktion gegeben hatte. Oder auch, indem man, wie der Abbé Batteux, der letzte große klassische Poetiker im strengen Sinn, mit einem großen Aufwand an Sophismen beweist, daß auch die lyrische Poesie im alten Sinn mimetisch ist – weil sie „fingierte" Gefühle ausdrücken könne und mithin fiktional sei. Nachdem jedoch sogar Batteux' deutscher Übersetzer, Johann Adolf Schlegel, gegen diese ziemlich zweifelhafte Annexion in einer Fußnote mit der Bemerkung protestiert hatte, daß die von lyrischen Poeten ausgedrückten Gefühle auch, in Übereinstimmung mit Aristoteles, *nicht* fingiert sein könnten, war es mit dem Monopol der Fiktion in der Literatur zu Ende – sofern man nicht, wohlgemerkt, wiederum das Lyrische aus dieser ausschließen wollte; aber für diesen Schritt zurück war es bereits zu spät.[1]

Das neue, durch zahllose Varianten der episch-dramatisch-lyrischen Trias illustrierte System besteht also in der Zurückweisung des fiktionalen Monopols zugunsten einer Art mehr oder weniger expliziten Duopols, in welchem die Literarität sich nunmehr mit zwei großen Typen verbindet: einerseits die (dramatische oder narrative) Fiktion, andererseits die lyrische Dichtung, die immer öfter ganz einfach durch den Term *Poesie* bezeichnet wird.

Die ausführlichste und originellste Version dieser Eintei-

---

1 Zu dieser Kontroverse, cf. *Introduction à l'architexte*, S. 41–42.

lung ist wohl, trotz des (wie wir sahen) echt aristotelischen Charakters ihrer Initialproblematik, Käte Hamburgers bereits zitiertierte *Logik der Dichtung,* die auf dem Gebiet der *Dichtung* (dt. i. O.) nur zwei grundsätzliche „Gattungen" anerkennt, nämlich das *Fiktionale* oder *Mimetische,* und das *Lyrische,* die beide, wenn auch auf je eigene Weise, mit dem gewöhnlichen Verfahren der Sprache brechen: welches in dem besteht, was Hamburger „Wirklichkeitsaussagen" nennt, authentischen Sprechakten also, die von einer realen und bestimmten „*Ich*-Origo" anläßlich der Wirklichkeit getätigt werden. Bei der Fiktion haben wir es nicht mit Wirklichkeits-, sondern mit fiktionalen Aussagen zu tun, bei denen die echte „*Ich*-Origo" nicht vom Autor und nicht vom Erzähler, sondern von den fiktiven Personen gebildet wird – deren Blickpunkt und raum-zeitliche Situation bis ins grammatische Detail der Sätze die ganze Aussage der Erzählung und, *a forteriori,* auch des dramatischen Texts bestimmt. Bei der lyrischen Dichtung haben wir es zwar mit Wirklichkeitsaussagen und also mit authentischen Sprechakten zu tun, doch ihre Quelle bleibt unbestimmt, denn das „lyrische *Ich*" kann seinem Wesen nach weder mit dem Poeten persönlich, noch mit irgendeinem anderen bestimmten Subjekt mit Sicherheit identifiziert werden. Der putative Sprecher eines literarischen Textes ist also niemals eine reale Person, sondern (in der Fiktion) eine fiktive Person oder (in der lyrischen Dichtung) ein unbestimmtes Ich – was in gewisser Weise eine gemilderte Form der Fiktivität konstituiert[1]: vielleicht sind wir hier von Batteux' Kunstgriffen, mit denen der Lyrismus der Fiktion zugeschlagen werden sollte, gar nicht so weit entfernt.

Wie man bereits bemerkt haben wird, stellt diese Zweiteilung (neben einigen anderen auch) jedoch dem wesentlich

---

1 Cf. Jean-Marie Schaeffer, „Fiction, feinte et narration", *Critique,* Juni 1987.

thematischen Charakter des Fiktionskriteriums (Darstellung imaginärer Ereignisse) keineswegs symmetrisch einen *formalen* Charakter des poetischen Kriteriums entgegen: wie die Parteigänger der klassisch-romantischen Triade definiert auch Käte Hamburger das Lyrische mehr durch eine Aussagehaltung als durch einen Sprachzustand. Das eigentlich formale Kriterium, das ich soeben als das symmetrische Pendant des thematischen Kriteriums der aristotelischen Tradition ankündigte, finden wir in einer anderen Tradition. Diese Tradition geht auf die deutsche Romantik zurück und äußert sich, von Mallarmé angefangen bis zum russischen Formalismus, vor allem in der Vorstellung einer „poetischen" Sprache, die sich von der prosaischen oder gewöhnlichen Sprache durch formale Charakteristika unterscheidet, die oberflächlich mit dem Gebrauch des Verses, grundsätzlich aber mit einem Wechsel im Gebrauch der Sprache verbunden sind – welche dann nicht mehr als transparentes Kommunikationsmittel, sondern als ein sensibles, autonomes und durch nichts ersetzbares Material behandelt wird, in welchem eine rätselhafte formale Alchimie, indem sie „aus mehreren Vokabeln ein totales Wort, neu, der Sprache fremd und gleichsam beschwörend" macht, „den Mangel der Sprachen ausgleicht" und die „unauflösliche Verbindung von Klang und Sinn schafft". Ich habe hier mehrere, einander sehr nahestehende Bruchstücke Mallarméscher und Valéryscher Formulierungen in einem Satz miteinander verbunden. Aber es ist wohl Valéry, dem wir das sprechendste, wenn auch letztlich Malherbe entlehnte Bild für diese Theorie der poetischen Sprache verdanken: die Poesie verhält sich zur Prosa oder gewöhnlichen Sprache wie der Tanz zum Gehen; es werden dieselben Fähigkeiten eingesetzt, aber „anders koordiniert und anders gereizt", in einem „System von Akten, die [nunmehr] ihr Ziel in sich selbst haben". Im Gegensatz zur gewöhnlichen Botschaft, deren Funktion darin besteht, sich in ihrem Verstehen und ihrem Resultat auszulöschen, erlischt also der poetische

Text nur in sich selbst: seine Bedeutung macht nicht seine Form vergessen, verwischt sie nicht, sie ist von ihr unlösbar, denn sie erzeugt kein Wissen, das zu irgendeinem Akt, der seiner Ursache nicht eingedenk wäre, zu brauchen wäre. Unzerstörbar, weil unersetzlich, „stirbt das Gedicht nicht, weil es gelebt hat; es ist ausdrücklich dazu geschaffen, aus seiner Asche neu zu erstehen und immer aufs neue das zu werden, was es war. Die Poesie erkennt man eben daran,daß sie in ihrer Form noch einmal geschaffen sein will: sie reizt uns, sie identisch wiederherzustellen."[1]

Offenkundig mündet diese Tradition theoretisch in den Jakobsonschen Begriff der *poetischen Funktion,* definiert als eine Akzentuierung des Texts in seiner sprachlichen Form – welche so an Wahrnehmbarkeit gewinnt und in gewisser Weise *intransitiv* wird. In der Poesie, schrieb Jakobson schon 1919, „ist die kommunikative Funktion, die sowohl der gewöhnlichen wie auch der emotionalen Sprache eigen ist, auf ein Minimum reduziert"[2], zugunsten einer Funktion, die jetzt nur noch die ästhetische genannt werden kann und durch welche sich die Botschaft in der sich selbst genügenden Existenz des Kunstwerks immobilisiert. Die Antwort Jakobsons, wie, anders formuliert, bereits die Mallarmés und Valérys, auf unsere eingangs gestellte Frage, nämlich was gewisse Texte zu Kunstwerken macht, ist sehr klar: die poetische Funktion. Die dichteste Formulierung dieses neuen Kriteriums findet sich gleichfalls in jenem Text von 1919, den Jakobson seitdem auf dieser Ebene lediglich präzisiert und gerechtfertigt hat: „Die Poesie ist die Sprache in ihrer ästhetischen Funktion." Bedenkt man, daß die Formel in der klassischen Tradition auf eine gleichermaßen abrupte und exklusive Weise etwa lautete: „Die ästhetische Funktion der Sprache ist die Fiktion", dann ermißt man die Distanz und

---

1 Valéry *Œuvres,* Paris, „Bibl. de la Pléiade", I, S. 1324, 1331.
2 „La nouvelle poésie russe", in *Questions de poétique,* Paris, 1973, S. 15.

versteht, wieso Tzvetan Todorov vor einigen Jahren in etwa schrieb, die Poetik (ich würde meinerseits hinzufügen: die *essentialistische* Poetik) verfüge über zwei konkurrierende Definitionen der Literarität: die eine durch die Fiktion, die andere durch die Poesie.[1]

Alle beide können auf ihre Weise legitim beanspruchen, eine Antwort auf die Zweifel zu geben, welche Hegel hinsichtlich der Garantien für die Spezifik der literarischen Kunst bedrängten. Andererseits ist es jedoch ziemlich evident, daß keine von beiden legitim beanspruchen kann, dieses Feld in seiner Totalität zu erfassen. Ich werde nicht auf die Scheinargumente zurückkommen, mit denen Batteux eine Hegemonie der fiktionalistischen Poetik über die lyrischen Gattungen begründen wollte, und ich erinnere daran, daß die „poetizistische" Poetik niemals ernsthaft versucht hat, sich das Gebiet der Fiktion im eigentliche Sinne anzueignen: sie gibt höchstens vor, diese Form von Literatur zu vernachlässigen oder zu verachten, indem sie sie in den amorphen Orkus einer vulgären Prosa ohne formale Zwänge (man lese Valérys Äußerungen zum Roman) hinabstößt, so wie einst Aristoteles jede nichtfiktionale Poesie in den eines mehr oder weniger didaktischen Diskurses verbannt hatte. Vorläufig ist es also anscheinend das Klügste, einer jeden ihren Anteil an Wahrheit und damit einen Teil des Gebiets der Literarität zuzugestehen: der thematischen Definition das Reich der Fiktion in Prosa, der formalen Definition das Reich der Poetik im eigentlichen Sinn – zusammen beziehen sich beide offensichtlich auf jenes weite Zwischenreich, welches die poetische Fiktion vom Typ des klassischen Epos, der klassischen Tragödie und Komödie, des romantischen Dramas oder des Romans in Versen in der Art von *Jocelyn* oder *Eugen Onegin* darstellt. Wie man sieht, ist damit auch das ganze Gebiet des Aristoteles einge-

---

1 „La notion de littérature", in *Les Genres du discours*, Paris, 1978.

meindet, aber ich kann nichts dafür, daß die *Ilias* in Versen geschrieben ist.

Am schwersten jedoch wiegt nicht jene Konkurrenz oder vielleicht sogar wünschenswerte partielle Doppelzugehörigkeit – doppelt genäht hält besser, und darum ist es sicher nicht schlecht, wenn ein Text zwei Literaritätskriterien zugleich genügt: durch den fiktionalen Inhalt und die poetische Form. Am schwersten wiegt vielmehr die Unfähigkeit unserer beiden essentialistischen Poetiken, in einer – sei es auch gewaltsamen – Verbindung zusammen die Totalität des literarischen Gebietes zu erfassen, denn was sich ihrem Doppelzugriff entzieht, ist das sehr beträchtliche Feld dessen, was ich provisorisch die nichtfiktionale Prosaliteratur nennen möchte: Geschichtsschreibung, Redekunst, Essai und Autobiographie beispielsweise, von einzelnen Texten, die auf Grund ihrer extremen Singularität keinerlei Gattung angehören, nicht zu reden. Vielleicht ist es jetzt klarer, warum ich oben die essentialistischen Poetiken geschlossene Poetiken genannt habe: für sie gehören der Literatur nur Texte an, die *a priori* durch das generische oder vielmehr archigenerische Siegel der Fiktionalität und / oder Poetizität geprägt sind. Damit erweisen sie sich als unfähig, Texte zu erfassen, die dieser kanonischen Liste nicht angehören und je nach den Umständen, ich möchte fast sagen je nach gewissen Hitze- und Druckverhältnissen, in das Gebiet der Literatur eintreten und es wieder verlassen können. Hier ist der Punkt erreicht, wo offensichtlich auf jene andere Poetik, die ich *konditionalistisch* nenne, zurückgegriffen werden muß.

Anders als ihr Gegenstück hat diese Poetik sich kaum in doktrinären oder demonstrativen Texten ausgedrückt, aus dem einfachen Grund, weil sie mehr instinktiv und essayistisch als theoretisch ist und dem Geschmacksurteil, von dem jeder weiß, daß es subjektiv und unbegründet ist, das Kriterium einer jeden Literarität anvertraut. Ihr Prinzip ist annähernd folgendes: „Ich betrachte jeden Text, der bei mir eine ästhetische Befriedigung hervorruft, als literarisch." Ihre einzige Beziehung zur Universalität gehört, wie Kant gezeigt hat, der Ordnung des Wunschs oder des Anspruchs an: ich wünsche, daß jeder mein Urteil über das, was ich schön finde, teilt und verstehe es nicht, wenn er es nicht teilt. Doch dank der (von manchen beklagten) seit zwei Jahrhunderten erreichten Fortschritte hin zum Kulturrelativismus geschieht es oft und immer öfter, daß dieser Universalitätsanspruch an der Garderobe des „klassischen" Humanismus abgegeben wird, und zwar zugunsten einer weit ungenierter egozentrischen Anschauungsweise: „Literatur ist, was ich dazu erkläre, ich, und das ist genug, ich und meinetwegen meine Freunde, ich und meine auserwählte ‚Modernität'." Als Beispiel für einen solchen erklärten Subjektivismus kann beispielsweise Roland Barthes' *Lust am Text* dienen; doch es ist klar, daß diese Poetik unsere Einstellung zur Literatur unbewußt sehr weitgehend bestimmt. Diese neue, prinzipiell elitistische Vulgata ist sicher einer schmaleren und aufgeklärteren kulturellen Schicht eigen als der, die in der Fiktion ein automatisches und bequemes Kriterium der Literarität sieht. Doch unbestreitbar koexistiert sie mit ihr, sei es auch zusammenhanglos und zumindest so, daß in Form von Urteilen, in denen die Diagnose der Literarität gleichbedeutend mit einem Qualitätssiegel ist, das Deskriptive der Wertung Platz macht: so wenn ein Parteigänger des fiktionalen Kriteriums dieses dennoch für einen Groschenroman nicht gelten lassen will, weil er „zu schlecht geschrieben" sei, um „Literatur zu sein" – was letztlich bedeutet, daß die Fiktionalität als eine zwar notwendige, aber nicht hinreichende Bedingung der Literarität gilt. Ich selbst bin genau umgekehrter Ansicht und werde auf diesen Punkt noch zurückkommen.

Mir scheint, daß diese konditionalistische Poetik im wesentlichen wenn nicht prinzipiell, so doch faktisch von einer subjektivierenden, auf die Prosa ausgeweiteten Interpretation des Valéry-Jakobsonschen Kriteriums ausgeht: literarisch (und nicht mehr nur poetisch) ist ein Text für denjenigen, der sich mehr an seine Form als an seinen Inhalt hält, für den, der beispielsweise die sprachliche Gestaltung schätzt, die Bedeutung jedoch ablehnt oder beiseiteläßt. Ich muß im übrigen daran erinnern, daß bereits Mallarmé diese Ausweitung des Kriteriums der Intransitivität auf die Prosa gebilligt hatte, und zwar im Namen einer Omnipräsenz des Verses weit über das hinaus, was er den „offiziellen Vers" nannte: „Der Vers ist überall in der Sprache, wo Rhythmus ist [...]. Ein Stilwille geht stets mit Versifikation einher."[1] Offensichtlich bildet für uns der Term *Stil* gewollt oder ungewollt für diese poetische oder literarische Kapazität einer jeden Art von Text den Schlüssel, für diese Transzendenz der „poetischen Funktion" also gegenüber den heute im übrigen sehr verwischten – oder verschobenen – kanonischen Grenzen der metrischen Form.

Es geht hier also um die Fähigkeit eines jeden Texts, dessen ursprüngliche oder ursprünglich dominierende Funktion nicht der ästhetischen, sondern beispielsweise der didaktischen oder polemischen Ordnung angehört, diese Funktion zu überdauern oder auf Grund eines individuellen oder kollektiven Geschmacksurteils, das seine ästhetischen Qualitäten hervorhebt, zurückzudrängen. So kann vielleicht eine Seite eines Geschichts- oder Memoirenwerks dessen wissenschaftliche Wert oder dessen dokumentarisches Interesse überdauern; so kann ein Brief oder eine Rede über die ursprüngliche Bestimmung und den ursprünglichen Anlaß hinaus Bewunderer finden; so kann ein Sprichwort, eine Maxime oder ein Aphorismus auch Leser berühren oder verführen, die deren Wahrheitswert in Abrede stellen. Es ist übrigens ein, überdies italienisches, Sprichwort, das diese Art Einstellung auf eine Formel bringt: *Se non è vero, è bene trovato;* das

---

1 *Oeuvres complètes*, Paris, „Bibl. de la Pléiade", S. 867.

heißt frei übersetzt: „Das ist zwar falsch, aber treffend." Man könnte sich versucht fühlen, zwischen der ästhetischen Haltung und der theoretischen und pragmatischen Zustimmung eine Inkompatibilitätsbeziehung zu postulieren, wobei die erstere durch die Schwächung oder das Verschwinden der letzteren in gewisser Weise freigesetzt wäre, und als könnte der Geist nicht zugleich ganz und gar überzeugt und ganz und gar verführt sein. Doch ohne Zweifel muß dieser Versuchung widerstanden werden: „Eine Kirche kann", wie Mikel Dufrenne treffend bemerkt, „auch ohne Zweckentfremdung schön sein".[1] Dennoch hat sich im Lauf der Jahrhunderte das Gebiet der konditionalen Literarität ständig ausgeweitet, im Zuge einer sich hier wie anderenorts durchsetzenden, anscheinend gleichbleibenden oder vielleicht sogar sich verstärkenden Tendenz zur ästhetischen Vereinnahmung, die einen großen Teil dessen, was die Zeit der Wahrheit und der Nützlichkeit geraubt hat, dem Konto der Kunst gutschreibt. Und daher ist es leichter für einen Text, ins Feld der Literatur Eingang zu finden, als es wieder zu verlassen.

Aber auch wenn die konditionalistische Poetik per definitionem die Fähigkeit besitzt, im Namen eines ästhetischen Urteils über die konditionalen Literaritäten Auskunft zu geben, so kann sich diese Macht, was ihre Parteigänger auch spontan denken mögen, doch nur auf das Gebiet der konstitutiven Literaritäten beziehen. Wenn ein Epos, eine Tragödie, ein Sonett oder ein Roman literarische Werke sind, dann nicht auf Grund einer, sei es auch universell anerkannten, ästhetischen Wertung, sondern durch einen Zug ihrer Natur, etwa die Fiktionalität oder die poetische Form. Wenn *Britannicus* ein Werk der Literatur ist, dann weder, weil dieses Stück mir gefällt, noch (woran ich zweifle), weil es aller Welt gefällt, sondern weil es ein Theaterstück ist, so wie auch *Opus 106* oder die *Ansicht von Delft* Werke der Musik und der Malerei nicht

---

1 *Esthétique et Philosophie*, Paris, 1980, I, S. 29.

eine, zehn oder hundert Millionen von Kunstliebhabern hingerissen sind, sondern weil es sich um eine Sonate und ein Bild handelt. Das schlechteste Bild, die schlechteste Sonate, das schlechteste Sonett bleiben Malerei, Musik oder Poesie, und zwar aus dem einfachen Grunde, weil sie etwas anderes allenfalls zusätzlich sein können. Und was man manchmal eine „tote Gattung" nennt – man denke, ein willkürliches Beispiel, an das Epos oder das Sonett – ist lediglich eine endgültig oder zeitweilig steril und unproduktiv gewordene Form, deren vergangene Produktionen jedoch durchaus das Siegel der Literarität behalten, mag sie auch noch so akademisch oder verstaubt sein: selbst wenn niemand mehr Sonette schriebe, ja selbst wenn niemand mehr sie *läse,* bliebe das Sonett eine literarische Gattung, und ein Sonett, gut oder schlecht, bliebe ein Werk der Literatur. Die konstitutive Literarität fiktionaler oder poetischer Werke ist – wie die für die meisten anderen Künste gleichermaßen konstitutive „Artistizität" – in gewisser Weise innerhalb der Kulturgeschichte der Menschheit unvergänglich und von jeder Bewertung unabhängig. Die Urteile und Attitüden der konditionalistischen Poetik sind ihnen gegenüber im positiven Fall anmaßend, da überflüssig („Diese Tragödie ist Literatur, weil sie mir gefällt"), im negativen Fall unwirksam („Diese Tragödie ist keine Literatur, denn sie gefällt mir nicht"). Jede eventuelle Prätention der konditionalistischen Poetik auf eine Bestimmung des Gesamtgebiets wäre also angemaßt und im wörtlichen Sinn illegitim, eine Überschreitung ihres Rechts. Andererseits haben wir jedoch festgestellt, daß allein sie über die konditionalen Literaritäten, über diejenigen, die weder vom fiktionalen Gehält, noch von der poetischen Form herrühren, Auskunft geben konnte. Es bleibt also nur die Konsequenz: wir dürfen die konditionalistische Poetik nicht durch die essentialistischen Poetiken ersetzen, sondern müssen ihr einen Platz neben ihnen einräumen, denn sie gebieten beide ausschließlich über ihren eigenen Legitimitäts-, das heißt ihren Relevanzbereich. Der Irrtum aller Poetiken seit Aristoteles hat wohl darin bestanden, den Sektor der literarischen Kunst, auf den sich jeweils ihr Kriterium bezog und für den sie jeweils konzipiert waren, als „Literatur par excellence", sogar als die einzige „dieses Namens würdige" Literatur zu hypostasieren. Gemessen an ihrer universalen Prätention ist von diesen Poetiken keine gültig, doch in ihrem Bereich ist es jede, und sie alle haben in jedem Fall das Verdienst, eines der multiplen Kriterien der Literarität beleuchtet und hervorgehoben zu haben. Die Literarität ist ein plurales Faktum, und darum verlangt sie eine pluralistische Theorie, die die *verschiedenen* Arten der Sprache berücksichtigt, der praktischen Funktion zu entkommen, sie zu überleben und Texte hervorzubringen, die als ästhetische Objekte rezipiert und bewertet werden können.

Aus dieser Notwendigkeit ergibt sich eine Einteilung, die ich in folgender Weise schematisieren möchte. Die menschliche Sprache kennt zwei Grundformen von Literarität: die konstitutive und die konditionale. Die konstitutive bestimmt, entsprechend den traditonellen Kategorien, zwei große Typen oder Gesamtheiten literarischer Praxis: die (narrative oder dramatische) Fiktion und die Poesie, wobei über ihr mögliches Zusammengehen bei der Fiktion in poetischer Form hier noch nichts gesagt ist. Da wir meines Wissens in keiner Sprache über einen bequemen und positiven Term zur Bezeichnung des dritten Typs verfügen (außer dem sehr unschönen der *Nicht-Fiktion*) und zudem diese terminologische Lücke ein ständiges Ärgernis darstellt, schlage ich vor, ihn *Diktion* zu taufen – was zumindest den Vorteil, falls es einer ist, der Symmetrie bietet. Fiktionsliteratur ist die, die wesentlich durch den imaginären Charakter ihrer Gegenstände gekennzeichnet ist, während Diktionsliteratur wesentlich durch ihre formalen Qualitäten beeindruckt – wieder ungeachtet der Amalgame und Mischformen. Doch halte ich es für nützlich, an dieser essentiellen Unterscheidung und damit an der theoretischen Möglichkeit von Reinzuständen festzuhalten: an der einer Geschichte zum Beispiel, die uns erregt ungeachtet ihrer Darstellungsweise (eine solche Geschichte war bekanntlich für Aristoteles – und ist für manche noch immer – die von Ödipus), oder, symmatrisch dazu, die einer Formulierung, die uns fasziniert außerhalb jeder wahrnehmbaren Bedeutung: das ist, nach Valéry, bei vielen schönen Versen der Fall, „die auf uns wirken, ohne uns allzuviel zu sagen" und die „uns vielleicht sagen, daß [sie] uns nichts zu sagen haben."[1]

Sicherlich hat man bemerkt, daß ich meiner neuen Kategorie der Diktion, die also nicht mehr die dritte, sondern die zweite ist, en passant die Poesie zugerechnet habe. In der Tat ist die Poesie, wie Mallarmé wußte, eine lediglich besonders markierte und kodifizierte – und damit (ich komme darauf noch zurück) in ihren traditionellen Formen eigentlich konstitutive – Form der Literatur als Diktion. Es gibt also Diktionen von konstitutiver Literarität und Diktionen von konditionaler Literarität, während die Fiktion stets konstitutiv literarisch ist.[2] Ich stelle diese asymmetrische Situation auf der folgenden Seite dar.

Dieses zugegebenermaßen unzulängliche Schema erfordert mehrere Bemerkungen. Die erste betrifft die Terminologie: Ich habe kurzerhand das Adjektiv *formal*, das jeder verstehen kann (oder es zumindest glaubt), durch *rhematisch* ersetzt. Wie an anderer Stelle[3] entnehme ich auch hier der Linguistik

---

1 *Op. cit.*, S. 1333.
2 Selbstverständlich die sprachliche Fiktion. Die anderen (plastischen, kinematographischen oder sonstigen) Formen der Fiktion gehören zu anderen Künsten, auch wenn die von Käte Hamburger angeführten Gründe für eine Annäherung des Kinos an die narrative Fiktion gewichtig sind.
3 Siehe *Seuils*, Paris, 1987, S. 75.

Grundform / Kriterium	Konstitutiv	Konditional
Thematisch	FIKTION	
Rhematisch	DIKTION	
	POESIE	PROSA

sehr frei den Term *Rhema*, um, im Gegensatz zum *Thema* eines Diskurses, den Diskurs als solchen zu bezeichnen (ein Titel wie *Petits Poèmes en prose* ist rhematisch, weil er nicht wie *Le Spleen de Paris* den Gegenstand dieser Sammlung benennt, sondern in gewisser Weise die Sammlung selbst: nicht was sie *sagt*, sondern was sie *ist*). Aus Gründen, die im letzten Kapitel klarer werden sollen, scheint mir jedoch, daß die Diktion, egal in welcher Grundform, durch das von seinem Sagen verschiedene, wenn auch davon untrennbare Sein eines Textes zu bestimmen ist: in (wie wir sehen werden) goodmanscher Terminologie also durch seine Kapazitäten zur Exemplifikation im Gegensatz zur *denotativen* Funktion. In meinem Sinne ist *rhematisch* umfassender als *formal*, weil die „Form" (ob ein Vokal hell oder dunkel, ein Satz kurz oder lang ist, ein Gedicht aus achtsilbigen Versen oder aus Alexandrinern besteht) lediglich einen Aspekt im Sein eines Textes oder eines seiner Elemente darstellt. Das Wort *nuit* denotiert (unter anderem) die Nacht und exemplifiziert oder kann exemplifizieren alle „formalen", will sagen alle zweifelsfrei materiellen und wahrnehmbaren Eigenschaften seines Signifikanten; zusätzlich jedoch noch einige andere – beispielsweise, daß es sich um ein Femininum handelt, was keine

33

formale Eigenschaft ist, denn sein Homonym *nuit* vom Verb *nuire* hat kein Geschlecht und also auch keine sexuellen Konnotationen. Die Kapazität zur Exemplifikation eines Wortes, eines Satzes oder eines Textes geht also über deren rein formale Eigenschaften hinaus. Und wenn die Diktion die Weise ist, wie diese Kapazitäten sich manifestieren und auf den Leser wirken, dann wird man ihr Literaritätskriterium richtiger, weil umfassender als *rhematisch* denn als *formal* kennzeichnen; der Vorteil der formalen Symmetrie, falls es – auch hier stellt sich die Frage – einer ist, fällt für mich nicht ins Gewicht.

Die zweite Bemerkung betrifft die Aufteilung zwischen den beiden Grundformen der Literarität durch Diktion, die durch keine feste Grenze getrennt sind. Seit einem Jahrhundert ist es in der Tat immer deutlicher geworden, daß die Unterscheidung zwischen Prosa und Poesie auf anderen, weniger kategorischen Kriterien als dem der Versifikation beruhen kann, und daß diese, übrigens heterogenen und mehr oder weniger kumulativen Kriterien (zum Beispiel: bevorzugte Themen, Gehalt an „Bildern", graphische Anordnung[1]) unter Bezeichnungen wie „Gedicht in Prosa", „poetische Prosa" für Zwischenstufen Platz lassen, die dieser Opposition einen weniger scharfen, sondern mehr graduellen und polaren Charakter geben.

Dritte Bemerkung: die Aussage, daß die (sprachliche) Fiktion immer konstitutiv *literarisch* ist, bedeutet nicht, daß ein Fiktionstext stets konstitutiv *fiktional* ist. Ebenso wie ein Satz, dessen Sinn mir entgeht, mich abstößt oder mir gleichgültig ist, mich durch seine Form verführen kann, so kann mir vielleicht eine Geschichte, die andere für wahr halten, völlig unglaubwürdig scheinen, mich aber als eine Art von Fiktion verführen: es dürfte sich dabei dann um eine Art konditiona-

---

1 Siehe C. L. Stevenson, „Qu'est-ce qu'un poème?" (1957), *Poétique,* 83, September 1990.

ler Fiktionalität handeln, für die einen eine wahre Geschichte, Fiktion für die anderen. Das ist mehr oder weniger der Fall bei dem, was man gängig den „Mythos" nennt – ein Erzählungstyp, der offenkundig an einer unsicheren und schwankenden Grenze der Fiktion angesiedelt ist.[1] Doch dürfen wir deshalb noch nicht die leer gebliebene Rubrik mit dem Wort *Mythos* füllen, denn diese ist nicht für konditional fiktionale Texte, sondern für konditional literarische Fiktionen bestimmt – welcher Begriff mir ziemlich widersprüchlich zu sein scheint. Eine religiöse Erzählung als einen Mythos aufzufassen, heißt fast schon so viel wie sie als literarischen Text aufzufassen, was sich an dem reichlichen Gebrauch zeigt, den unsere Kultur von der griechischen „Mythologie" macht.[2] Die Rubrik bleibt also leer, es sei denn, man räumte ein, daß ein konditional fiktionaler Text *eben dadurch und in diesem* (abgeleiteten) *Sinne* konditional literarisch ist.

Die vierte Bemerkung ist eine Frage. Haben die beiden Modi der Literarität, welche die Fiktion und die Diktion sind, trotz ihrer verschiedenen Kriterien (das eine thematisch, das andere rhematisch) nichts miteinander gemein? Sind, anders gesagt, die Weisen, wie diese beiden Modi ein Literaritätsurteil bestimmen, in ihrem Prinzip radikal heterogen? Wäre dem so, dann bestünde der starke Verdacht, daß die Literarität selbst heterogen ist und zwei ästhetische Funktionen umfaßt, die aufeinander absolut irreduzibel sind. Ich glaube jedoch nicht, daß das der Fall ist. Die Gemeinsamkeit beider scheint mir in jenem Charakter der Intransitivität zu bestehen, den die formalistischen Poetiken für den poetischen

---

1 Siehe P. Veyne, *Glaubten die Griechen an ihre Mythen?*, Frankfurt, 1987, und T. Pavel, *Univers de la fiction* (1986), Paris, 1988.

2 Diese hinreichende Bedingung ist offenkundig keine *notwendige:* man kann eine religiöse Erzählung gleichzeitig als wahrhaftig und als literarisch auffassen – von einer Literarität, die sich von der Fiktionalität losgelöst hat. Zweifellos kann man sie auch – um über diese allzu einfachen Kategorien hinauszugehen – als Mythos und als Wahrheit zugleich verstehen: cf. Northrop Frye und die Bibel.

35

Diskurs (und eventuell für die Stileffekte) reserviert; intransitiv in dem Sinn, daß die Bedeutung von ihrer sprachlichen Form untrennbar ist – mit anderen Worten, unübersetzbar und daher dazu bestimmt, sich unablässig „in ihrer Form zu reproduzieren."[1]

Der Fiktionstext ist gleichfalls intransitiv, und zwar nicht wegen des unabänderlichen Charakters seiner Form, sondern wegen des fiktionalen Charakters seines Gegenstandes, mit dem eine paradoxe Funktion der Pseudo-Referenz oder eine Denotation ohne Denotatum einhergeht. Diese Funktion beschreibt die Theorie der Sprechakte mit dem Term der *fingierten Assertion,* die Narratologie als eine Dissoziation zwischen dem Autor (realer Sprecher) und dem Erzähler (fiktiver Sprecher)[2], und andere, wie Käte Hamburger, als eine Substitution der *Ich*-Origo des Autors durch eine fiktive *Ich*-Origo der Personen; Nelson Goodman[3] charakterisiert sie in logischer Terminologie als aus „monadischen" oder „an einer einzigen Stelle" befindlichen Prädikaten bestehend: so ist eine Beschreibung von Pickwick eben nur eine Pickwick-Beschreibung und insofern unteilbar, als sie sich auf nichts außerhalb ihrer selbst bezieht.[4] *Napoleon* bezeichnet ein wirkliches Mitglied der menschlichen Gattung, doch *Sher-*

---

1 Diese (rituellen) Formeln können mehr metaphorisch als streng erscheinen, vor allem weil sie das Phänomen von seinen psychologischen Wirkungen her beschreiben. Um es in in wörtlicherem Sinn semiotischen Termen zu definieren, muß man wohl, wie ich es im letzten Kapitel über den Stil tun werde, auf den goodmanschen Begriff der Exemplifikation zurückgreifen. Ein Text ist rhematisch „intransitiv", wenn (oder vielmehr: in dem Maß, wie) seine exemplifikativen Eigenschaften über seine denotative Funktion das Übergewicht gewinnen.
2 Ich komme auf diese beiden relativ austauschbaren Beschreibungen in den nächsten beiden Kapiteln zurück.
3 *Sprachen der Kunst,* Frankfurt, 1973.
4 Das bezieht sich offensichtlich auf die von Dickens produzierte Beschreibung von Pickwick, die, indem sie ihn zu „beschreiben" vorgibt, ihn in Wirklichkeit *konstituiert.* Die von den späteren Kommentatoren oder Illustratoren gelieferten Beschreibungen (oder Darstellungen) sind transitiv und verifizierbar als Paraphrasen der Dickensschen Beschrei-

lock Holmes oder *Gilberte Swann* bezeichnen niemanden außerhalb des Textes von Doyle oder Proust – eine Bezeichnung, die sich um sich selbst dreht und nicht aus ihrer eigenen Sphäre heraustritt. Der Fiktionstext *führt* zu keiner außertextuellen Realität, denn alle seine (ständig) bei der Realität gemachten Anleihen („Sherlock Holmes wohnte in der Baker Street 221 B", „Gilberte Swann hatte schwarze Augen", etc.) verwandeln sich in Elemente der Fiktion, wie Napoleon in *Krieg und Frieden* oder Rouen in *Madame Bovary*. Er ist also intransitiv auf seine Weise, nicht etwa weil seine Ausdrücke als unantastbar verstanden werden (sie können es sein, aber nur in Übergangsfällen zwischen Fiktion und Diktion), sondern weil die Wesen, auf die er sich bezieht, außerhalb seiner keine Existenz haben und uns in einer unendlichen Zirkularität auf ihn zurückverweisen. In beiden Fällen, durch thematische Vakanz oder durch rhematische Opazität, konstituiert diese Intransitivität den Text als einen autonomen Gegenstand und seine Beziehung zum Leser als eine ästhetische, in welcher der Sinn als von der Form untrennbar wahrgenommen wird.

Die fünfte Bemerkung ist ein Einwand. Nichts garantiert *a priori*, daß die konditionalen Literaritäten, selbst bei Ausschluß der Fiktion, sich ausschließlich nach dem rhematischen Kriterium richten. Ein nichtfiktionaler Prosatext kann sehr wohl eine ästhetische Reaktion provozieren, die nicht seiner Form, sondern seinem Inhalt geschuldet ist: zum Beispiel kann eine Aktion oder ein reales Ereignis, berichtet von einem Historiker oder Autobiographen (etwa die Hinrichtung der Fürstin von Lamballe bei Michelet, die Kirchenepisode in den *Confessions* oder auch die Ödipusgeschichte, wenn man sie als authentisch ansieht), genau wie jedes andere Element der Realität unabhängig von der Weise, wie es

---

bung. Zu diesen von der modernen Philosophie ausführlich diskutierten Fragen, siehe Pavel, Kap. I, und die Texte, auf die er verweist.

erzählt wird, als ästhetischer Gegenstand rezipiert und gewertet werden. Aber abgesehen davon, daß (ich komme darauf noch zurück) ein ästhetisches Objekt nicht dasselbe ist wie ein Werk, scheint es mir, daß in dieser Art von Fällen, wenn die Authentizität klar gesichert und erkannt ist, ja selbst wenn sie illusorisch ist, sich das eventuelle ästhetische Urteil nicht auf den Text, sondern auf ein ihm äußerliches oder als äußerlich geltendes Faktum bezieht, dessen ästhetisches Verdienst, naiv ausgedrückt, nicht dem Autor zusteht – so wenig wie die Schönheit des Modells vom Talent des Malers abhängt. Eine solche Analyse unterstellt offensichtlich die Möglichkeit einer Trennung zwischen Historie und Erzählung und zwischen Authentisch und Fiktional, die rein theoretisch ist: jede Erzählung führt in ihre Geschichte ein „Intrigenspiel" ein, das letztlich zur Fiktionalisierung und/oder Diktionalisierung hinführt. Doch eben das ist es, was ich sagen will: außerhalb jeder Narration oder dramatischen Darstellung ist der ästhetische Wert eines Ereignisses keinem Text zuzuschreiben, und er gehört bei einer Erzählung oder einem Drama stets der Fiktion, der Diktion oder (zumeist) einem Zusammenspiel beider an, dessen Rolle insgesamt und dessen Zusammensetzung kaum einzuschätzen ist.

Die sechste und letzte Bemerkung ist fundamentaler und betrifft den Begriff der konditionalen Literarität selbst ebenso wie dessen Beziehung zu unserer, von Jakobson (oder Hegel) geerbten anfänglichen Frage, die lautete: „Was macht einen Text zu einem Werk?" Wie wir sahen, war Jakobsons Antwort: es ist die poetische Funktion, die wenn schon nicht von den metrischen Formen allein, so doch zumindest von formalen Merkmalen bestimmt wird, die durch das berühmte „Äquivalenzprinzip" klar determiniert sind. Die fiktionalistische Antwort ist ebenso klar und kategorisch, und diese beiden Antworten umfassen, noch einmal, ohne Rest das Gebiet der konstitutiven Literaritäten. Die Texte, die einem dieser beiden Kriterien (oder beiden) genügen, können ohne

Zögern als *Werke* betrachtet werden, also als Produktionen von intentional ästhetischem Charakter: sie gehören also nicht nur der ästhetischen, sondern auch (enger noch) der artistischen Kategorie an. Nicht jedoch gehören dieser letzteren die Texte der konditionalen Literarität unzweifelhaft an, denn ihr intentional ästhetischer Charakter ist nicht garantiert: eine Seite bei Michelet oder Demosthenes unterscheidet sich von der Seite eines anderen Historikers oder Redners von Rang nur durch eine ästhetische (wesentlich stilistische) „Qualität", die dem freien Urteile des Lesers anheimgestellt ist und bei der es offen bleibt, ob sie vom Autor gewollt oder auch nur wahrgenommen wurde. Für *manche* Leser ist sie unzweifelhaft ein ästhetischer Gegenstand, der Term *Kunstwerk* jedoch, der darüberhinaus auch eine ästhetische Intention einschließt, bezieht sich nicht im Wortsinn auf sie, sondern nur in einem weiten und etwas metaphorischen Verständnis[1] – wie man von einem Dreschwagen oder von einem Amboß, von Artefakten mit ursprünglich nicht ästhetischer Funktion also, sagt, sie seien „wahre Kunstwerke". Die konditionalen Literaritäten geben also auf Jakobsons Frage keine direkte Antwort, denn sie determinieren keine intentionalen Werke, sondern nur (sprachliche) ästhetische Objekte. Aber vielleicht liegt das daran, daß die Frage in gewissem Sinn schlecht gestellt war. In welchem Sinn? In dem Sinn, daß der intentionale (und also, *strictu senso,* artistische) Charakter eines Textes weniger wichtig ist als sein ästhetischer.

Diese Frage verweist auf den epochalen Gegensatz zwischen den Parteigängern einer konstitutiven Ästhetizität (der der Kunst), für die, wie für Hegel, nur schön ist, was als

---

1 Der oben gebrauchte Ausdruck „zum Kunstwerk werden (oder aufhören, es zu sein)" ist also in diesem weiten Sinn zu verstehen. *Stricto sensu* kann ein Text allenfalls zu einem ästhetischen Objekt werden oder aufhören, es zu sein.

solches vom Geist gewollt und geschaffen worden ist[1], und solchen, denen, wie Kant, das ästhetische Objekt par excellence ein natürliches Objekt ist, oder, wenn die Kunst die Kunst verbirgt, eines, das es zu sein scheint. Darüber zu streiten ist hier nicht der Ort, denn das Gebiet der Literatur ist zweifellos zu eng für eine gültige Behandlung der Beziehungen zwischen Ästhetik und Artistik. Halten wir jedoch immerhin fest, daß die Frage Jakobsons (die, ich erinnere daran, auf die Definition des Objekts der Poetik abzielt) in der Formulierung „Was macht aus einem Text ein ästhetisches Objekt?" vorteilhaft erweitert werden kann, wobei die Antwort „ein Kunstwerk zu sein" vielleicht nur eine unter anderen ist.

---

1 Zum Beispiel, wenn Monroe Beardsley schreibt: „Auf Grund ihrer Spezialfunktion sind die Kunstwerke reichere Quellen ästhetischen Wertes, und sie liefern ihn auf höherer Stufe" (*Aesthetics*, Indianapolis, 1958, ²1981, S. XX).

2. Die Fiktionsakte

Unter *Fiktionsakten* verstehe ich hier die narrativ-fiktionalen Aussagen als Sprechakte (*speech acts*) betrachtet. Ich komme also auf die Frage des illokutionären Status der narrativen Fiktion zurück, eine Frage, die John Searle, wie mir scheint, in einer in vieler Hinsicht entscheidenden Abhandlung allzu schnell – negativ – beantwortet.[1] Ich spreche bewußt von „narrativer Fiktion" und nicht einfach von Fiktion, und noch weniger von der Literatur im allgemeinen. Das Problem „Literatur und Sprechakte" ist in einer Zeit oder in einem Geist abgehandelt worden, welche ich präsearlisch nennen möchte, und auf eine etwas wirre Weise: die Beziehung zwischen Fiktion und Literatur blieb, als wären beide miteinander offensichtlich koextensiv, implizit oder ungeklärt, so daß man nie genau wußte, ob der zu definierende Sprechakt wegen seiner Fiktionalität oder seiner Literarität ausgewählt worden war. Diese von Searle vorsichtiger als eine Über-schneidung beschriebene Beziehung (nicht jede Literatur ist Fiktion, nicht jede Fiktion ist Literatur[2]) lasse ich zunächst

---

1 „Der logische Status des fiktionalen Diskurses" (1975), in *Ausdruck und Bedeutung*, Frankfurt, 1982.
2 *Ibid.*, S. 80–82. Die zweite Proposition wird durch zwei Argumente von ungleichem Wert gerechtfertigt. Seite 80: „Die meisten Comics und Witze sind Beispiele für Fiktion, aber keine Literatur" – der Comic ist tatsächlich, zumindest teilweise, ein Beispiel für nicht literarische, weil nicht sprachliche Fiktion, wie der Stummfilm oder gewisse Werke der bildenden Kunst (im Witz würde ich eher eine literarische Gattung unter anderen sehen); Seite 81: „Die Sherlock-Holmes-Geschichten Conan Doyles sind offensichtlich fiktional, aber es ist eine Frage des Ermessens,

beiseite und behandle die literarische Fiktion ohne zu fragen,
ob die Beschreibung, die in pragmatischen Termen auf sie
anwendbar ist, auf das viel weitere Feld der Literatur insgesamt ausgedehnt werden muß oder nicht. Ebenfalls beiseite
lasse ich den Fall der dramatischen Fiktion, denn von dem uns
interessierenden Standpunkt aus scheint mir ihre Darstellungsweise einer ganz anderen Ordnung anzugehören. Zur
Rechtfertigung dieser Unterlassung erinnere ich nur daran,
daß die dramatische Fiktion in ihrer reinen, von Aristoteles
propagierten und vom französischen klassischen Theater
mehr oder weniger übernommenen Form ausschließlich aus
Äußerungen fiktiver Personen (denen diese Äußerungen zugeschrieben werden) besteht – ein Diskurs, dessen Fiktionalität in gewisser Weise stillschweigend durch den Kontext der
szenischen Darstellung, sei sie real oder imaginär, vorausgesetzt ist und dessen pragmatischer Status innerhalb der damit
geschaffenen Diegese der eines jeden gewöhnlichen Aus-
tauschs von Worten zwischen beliebigen Personen ist: man
behauptet („Oui, Prince, je languis, je brûle pour Thé-
sée ...“), man verspricht („Vous y serez, ma fille ...“), man
befiehlt („Sortez!“), man fragt („Qui te l'a dit?“), etc., wie
sonst unter solchen Umständen und mit denselben Absichten
und Konsequenzen wie im wirklichen Leben, unter dem
einen Vorbehalt, daß sich all das in einem von der wirklichen
Welt, in der die Zuschauer leben, vollkommen getrennten
Universum der Fiktion abspielt – ohne jene freiwillige und
paradoxe Metalepse, wie sie vor allem im zwanzigsten Jahrhundert (und in der Barockzeit durch das Stück im Stück)

---

ob sie als Teil der englischen Literatur betrachtet werden sollten.“ Der
Ausschluß wird hier im Namen eines möglichen Werturteils erwogen,
das mir nicht relevant zu sein scheint. Wenn man die schlechten Kunstwerke aus dem Bereich der Kunst ausschließt, sagt Nelson Goodman
ungefähr, dann besteht die Gefahr, daß nicht mehr viel übrig bleibt, denn
die meisten Werke (wenn auch für mich nicht die von Conan Doyle) sind
schlecht – was sie aber nicht daran hindert, Werke zu sein.

praktiziert wird, und deren „spezielle" Effekte gesondert untersucht werden müßten. Was die Bühnenanweisungen betrifft, die einzigen Teile des dramatischen Textes, in denen direkt der Autor spricht – und deren Proportion vom klassischen Quasi-Null bis zum beckettschen Unendlich reicht[1] –, so hält Searle ihren illokutionäre Status für rein „direktiv" („Anweisungen hinsichtlich der Art, das Stück zu spielen"). So fassen sie sicherlich der Schauspieler und der Regisseur auf, aber nicht notwendig der normale Leser (der Zuschauer sieht nur ihre Ausführung), der genausogut in ihnen eine Beschreibung dessen, was in der Handlung (in der fiktionalen Diegese) vor sich geht, sehen kann. Eine Didaskalie wie „Hernani schlüpft aus seinem Mantel und wirft ihn über die Schultern des Königs" beschreibt das Verhalten der Person und schreibt das Spiel des Schauspielers vor. Es ist hier also unentscheidbar, ob die Intention des autors deskriptiv, präskriptiv oder direktiv ist, je nachdem, ob er sich eher an einen Leser (Musset) oder an eine Truppe (Brecht) wendet.

En passant sei angemerkt, daß der Status der „Dialoge" in der dramatischen Fiktion derselbe ist wie der die „dialogisierten" Szenen in der narrativen, also, wie mindestens seit Plato bekannt ist, von der Art eines „Mixtums", das („fluktuierend", sagt Käte Hamburger) „vermischt" oder vielmehr „gespickt" mit Dramatischem ist: die von den Personen eines Romans ausgetauschten Worte sind innerhalb des fiktionalen Romanuniversums eindeutig ernsthafte Sprechakte – ein Versprechen Vautrins an Rastignac ist für Balzac nicht verpflichtend, aber es verpflichtet Vautrin genauso ernsthaft, wie es mich selbst, wäre ich der Sprecher, verpflichten würde. Bis auf die Fiktionalität ihres Kontexts sind die Sprechakte der Personen der dramatischen oder narrativen Fiktion authentisch, mitsamt ihrem lokutionären Charakter, ihrem „Ort",

---

1 Die Grenze ist sicherlich in den *Actes sans paroles* erreicht, deren Text ausschließlich aus Regieanweisungen besteht.

ihrer illokutionären Kraft und ihrer möglichen, gewollten oder ungewollten perlokutionären Wirkung. Problematisch und, wenn möglich, in ihrem Status zu definieren sind die für diesen Kontext konstitutiven Sprechakte, also der narrative Diskurs selbst: der des Autors.[1]

Mit diesen letzten Worten habe ich implizit eine weitere Begrenzung des Gegenstands, die sicherlich erläutert werden sollte, als vollzogen unterstellt: im sogenannten „persönlichen"[2] oder „in der ersten Person" gehaltenen Erzählungstyp (narrativer gesagt: in Erzählungen mit *homodiegetischem* Erzähler) ist der Sprecher der Erzählung selbst eine Figur der Geschichte (dies ist der einzige pertinente Sinn des Ausdrucks „in der ersten Person"), also selbst fiktiv, und infolgedessen sind seine Sprechakte als Erzähler ebenso fiktional ernsthaft wie die der anderen Figuren seiner Erzählung und wie seine eigenen als Figur der Geschichte: „Marcel" wendet sich als Erzähler der *Recherche* ebenso ernsthaft an seine virtuellen Leser wie Marcel als Figur an die Herzogin von Guermantes.[3] Problematisch wäre nicht die Ernsthaftigkeit – will sagen das illokutionäre Engagement – des Erzählers Marcel, sondern

---

1 Gewisse Aussagen der narrativen Fiktion, insbesondere die, die gewöhnlich als „erlebte Rede" bezeichnet werden, sind von unbestimmtem, sogar unbestimmbarem Status, denn der Leser weiß nicht, ob er sie einer Person oder dem Autor-Erzähler zuschreiben soll. Doch diese komplexen Fälle entwerten nicht die Definition der einfachen Fälle.

2 Siehe Marie-Laure Ryan, „The Pragmatics of Personal and Impersonal Fiction", *Poetics*, 10, 1981.

3 Searle (S. 90) erklärt etwas zweideutig, daß Conan Doyle sich nicht damit begnügt, „Assertionen zu machen, sondern er gibt vor, John Watson zu sein, ... der Assertionen macht". Das ließe auf eine *doppelte* Vortäuschung schließen: bei Doyle, der vorgibt, Watson zu sein, und bei Watson, der vorgibt, Feststellungen zu treffen. Mir scheint, es gibt hier nur eine Vortäuschung: die Doyles (oder Prousts), während die Behauptungen Watsons (oder Marcels) (fiktiv) ernsthaft sind. Ich vermute, daß Searle ebendies annimmt, auch wenn seine Formulierung eher besagt, daß die eine Vortäuschung (die, ein anderer zu sein) stärker ist als die Vortäuschung in der dritten Person (vortäuschen, Assertionen zu machen).

die des Autors Proust. Ich sage jedoch *wäre*, im Konditional, denn in Wirklichkeit findet hier (im Text der *Recherche*) *kein* Sprechakt seitens Marcel Prousts statt, aus dem einfachen Grund, weil dieser niemals das Wort ergreift – stets gibt er, wie schon Plato sagte, vor, Marcel oder jemand anderes zu sein –, ungeachtet der Beziehung zwischen dem Inhalt dieser Erzählung und der Biographie, von „Leben und Meinungen" ihres Autors. Von dem hier interessierenden Standpunkt aus sind wir also berechtigt, den Diskurs der fiktionalen Erzählung in erster Person ebenso beiseite zu lassen, wie den der fiktiven Personen: und dies aus gutem Grund.

Zu beschreiben bleibt also nur noch der pragmatische Status der *unpersönlichen* Erzählung in der „dritten Person", die man in der Narratologie aus verschiedenen Gründen *heterodiegetisch* nennt (der Erzähler zählt nicht zu den Figuren) – vorausgesetzt auch hier, daß es sich um eine *extradiegetische*, um eine Erzählung ersten Grades handelt, geschaffen von einem Erzähler-Autor, der nicht, wie in *Tausendundeine Nacht*, selbst in eine Erzählung verwickelt ist, zu deren Figuren er zählt[1]; kurz, um eine Fiktionserzählung, die innerhalb der „real" genannten Welt von einem dieser angehörenden Autor geschaffen wird, wie von jener Iris Murdoch, die Searle zitiert, um zu zeigen, daß ihre fingierten narrativen Aussagen keine authentischen Sprechakte sind.

Ein letzter Vorbehalt dürfte von Nutzen sein, bevor wir in die Diskussion eintreten: es geht nicht so sehr darum zu wissen, ob die konstitutiven Aussagen der Fiktionserzählung illokutionäre Akte *sind* oder nicht, so wie man sich fragen kann, ob Titan ein Satellit Saturns *ist* oder nicht, sondern

---

1 Ich halte es nicht für ausgemacht, ob der pragmatische Status eines (intradiegetischen) fiktionalen Autor-Erzählers, wie der von Albert Savarus als Autor von *L'Ambitieux par amour*, nicht möglicherweise insgeheim den Status eines extradiegetischen Autor-Erzählers, wie den von Balzac als Autor von *Albert Savarus*, wiedergibt. Ich lasse diesen Fall, dessen Besonderheit wohl nicht von Belang sein dürfte, hier einfach beiseite.

vielmehr um die Frage, ob eine derartige Beschreibung effizienter, ökonomischer und rentabler ist als eine andere, als alle anderen sogar, von denen sie vielleicht nur die treffendste ist. Wenn andere literarische Disziplinen sich (wenn überhaupt) faktenbezogene Fragen stellen („Wer ist der Autor des *Père Goriot?"*), so stellt die Poetik sich zweifellos *methodische,* beispielsweise welches die beste, oder am wenigsten schlechte Weise sei, zu *sagen,* was der Autor des *Père Goriot tut.*[1]

Durch den Vergleich eines Romanfragments von Iris Murdoch mit einem faktualen (journalistischen) Bericht zeigt Searle mühelos, daß die fiktionalen Aussagen in Form von Assertionen keiner der Bedingungen (der Wahrhaftigkeit, des Engagements, der Fähigkeit, das Gesagte zu beweisen) für die authentische Assertion genügen. Er zeigt gleichfalls und (wie ich meine) gleichfalls unwiderleglich, daß diese Aussagen nicht als *wörtliche* illokutionäre Akte von einem anderen Typus als dem der Assertion gelten dürfen. Aus dieser negativen Beobachtung zieht er zwei für ihn zusammenhängende Schlüsse, die ich jedoch voneinander trennen möchte: erstens, daß die Fiktionsaussage, die die Form einer Assertion hat, ohne deren Bedingungen zu erfüllen, eine fingierte (*pretended*) Assertion ist; zweitens, daß seine Fiktion zu produzieren („einen Roman schreiben") kein spezifischer illokutionärer Akt ist. Der erste Schluß scheint mir außer Zweifel zu stehen: eine Aussage, die allen formalen Züge einer Assertion trägt, ohne deren pragmatische Bedingungen zu erfüllen,

---

1 Gegen eine solche Frage könnte eingewandt werden, daß es nicht pertinent sei, eine schriftliche Praxis als *speech act* zu charakterisieren. Durch die Masse der schriftlich getätigten illokutionären Akte, von der Liebeserklärung bis zum Scheidungsurteil, wird ein solcher Einwand widerlegt. In Searles Worten: „Sprechen *oder Schreiben* in einer Sprache besteht im Vollzug ... von Sprechakten" (S. 80).

kann nur eine fingerte Assertion sein. Zu präzisieren bleibt noch der Sinn der doppeldeutigen Redewendung „kann nur"; ich persönlich verstehe sie als „sie muß", oder genauer noch: „sie kann nicht anders als", woraus ich aber nicht automatisch schließen möchte, daß sie nicht *gleichzeitig* etwas anderes sein kann. Ich werde darauf zurückkommen, denn da liegt der Hund begraben. Der zweite Schluß Searles (daß die Fiktion kein illokutionärer Akt *sui generis* ist) scheint in zwei zusätzlichen Erwägungen Bestätigung zu finden: erstens in der (S. 86), daß die Beschreibung der Fiktion als fingierte Assertion anderen vorzuziehen und zudem hinreichend und anscheinend exklusiv ist; zweitens in der, daß die Fiktionsaussagen keine andere Bedeutung als ihre wörtliche haben, weil (?) die Worte darin (zum Beispiel *rot* in *Rotkäppchen*, S. 80) keine andere Bedeutung als in gewöhnlichen Aussagen haben. Diese, eng miteinander verbundenen, Erwägungen möchte ich beide zuglich in Frage stellen.

Meine These ist also die: daß die fiktionalen Aussagen fingierte Assertionen sind, schließt nicht, wie Searle meint, aus, daß sie zugleich etwas anderes sind – und Searle selbst räumt im übrigen auf anderer Ebene die Möglichkeit solcher indirekter Zusatzbestimmungen ein. Und zwar einmal (S. 94–95) durch die Feststellung, die simulierten Sprechakte der Fiktion könnten „Botschaften" und selbst ernsthafte „Sprechakte" transportieren, so wie eine Fabel eine Moral vermitteln kann (dieses Beispiel findet sich nicht in Searles Text, aber ich glaube nicht, daß es seinen Gedanken verfälscht); und zum anderen, wenn er sagt (S. 93), daß der Romancier, „indem er vorgibt, auf eine Person zu referieren, eine fiktive Person erschafft". Diese beiden Sätze scheinen mir ebenfalls unbestreitbar, obwohl das Verbum „erschaffen" (*to create*) hier etwas leicht Metaphorisches hat.[1] Ich glaube

---

1 *Metaphorisch,* weil das einzige, was ein Künstler wirklich „schaffen" und der wirklichen Welt hinzufügen kann, sein Werk ist. Joseph Margolis

mich nicht allzu weit von diesem zweiten Satz zu entfernen, wenn ich, etwas weniger metaphorisch, sage, daß der Romancier, indem er Assertionen (über fiktive Wesen) vortäuscht, etwas anderes macht, nämlich ein fiktionales *Werk* schafft. Die Möglichkeit einer solchen Häufung scheint mir die menschlichen Kapazitäten nicht zu überschreiten, und es hängt schließlich davon ab, wie man die Täuschung definiert, ob man, indem man vortäuscht, eine Sache zu tun, in Wirklichkeit eine andere tut.[1] Fingierte Assertionen zu produzieren (oder vorzugeben, Assertionen zu produzieren) kann nicht *a priori* ausschließen, daß man in ihrer Produktion (oder indem man ihre Produktion vorgibt) in Wirklichkeit einen anderen Akt tätigt, nämlich den, eine Fiktion zu produzieren.

---

erhebt gegen Searle den treffenden Einwand, daß die Fiktionswesen nicht zugleich inexistent und vom Autor geschaffen sein können, denn man kann nur Existierendes schaffen. „What is relevantly created are the stories and the like, using which in the appropriate (conventional) way we (both authors and readers) imagine a certain non-existant world to exist" („The Logic of Structures of Fictional Narrative", *Philosophy and Literature*, VII–2, Oktober 1983, S. 169). Das war schon 1933 die Ansicht von Gilbert Ryle: „While it is correct to describe Dickens' activity as ‚creative‘ when the story is considered as the product of his creation, it is wholly erroneous to speak as if Dickens created a Mr. Pickwick" („Imaginary Objects", *Proceedings of the Aristotelian Society*, 1933, S. 32).

1 Mir scheint, daß sich Searle allgemein von der Simulation eine zu *subtraktive* Vorstellung macht, so als ob der Akt der Simulation stets „von niedrigerer oder weniger komplexer Art" wäre als der simulierte Akt (S. 89). Die emphatische Kunst des Schauspielers zielt vielmehr auf den Beweis des Gegenteils ab, und im „Leben" selbst besteht die Vortäuschung oft genug im „Sich-Überschlagen", wie beim Sartreschen Kellner, der den Kellner spielt, oder so wie Charlus in Balbec „eine Geste des Mißvergnügens macht, durch die man glaubt, zu verstehen zu geben, daß man das Warten leid ist, doch die man niemals macht, wenn man wirklich wartet" (*Recherche*, „Bibl. de la Pléiade", II, S. 111). Ich weiß natürlich, daß die Realität manchmal „die Fiktion überholt", doch mir scheint, man bemerkt dies, weil die Norm umgekehrt ist: die Fiktion ist oft genug nur übertriebene Realität. Als ich mir als Kind darin gefiel, in Hyperbeln zu fabulieren, gab mein Vater, ein positiv denkender Mann und unbewußter Occamist, den nüchternen Kommentar: „Man sieht, daß nicht du es bist, der bezahlt."

Die einzige, sicher auch ein wenig rhetorische Frage ist die, ob dieser Akt nicht im technischen Sinn ein „Sprechakt" ist, oder genauer, ob die Beziehung zwischen diesen beiden Akten (eine Fiktion zu produzieren, in dem man vorgibt, Assertionen zu machen) nicht typisch illokutionärer Art ist. Oder, wieder anders ausgedrückt, ob man die Fiktionsaussage nicht zu den „nicht wörtlichen Aussagen" zu zählen hätte – sei es zu den *übertragenen,* etwa, wenn ich mit der Aussage: „Sie sind ein Löwe" meine: „Sie sind ein Held" (oder vielleicht ironisch: „Sie sind ein Feigling"); sei es zu den *indirekten,* wenn ich etwa durch die Frage, ob Sie mir das Salz reichen könnten, meinen Wunsch ausdrücke, Sie möchten mir das Salz reichen.

Der Unterschied zwischen Redefiguren und indirekten Sprechakten ist – ich werde darauf zurückkommen – nicht unwichtig, doch da sich der Fiktionsakt in beiden Fällen mehr oder weniger verhüllt (nämlich als Assertion) präsentiert, sollte er zweifellos zunächst in dem, was sein *unverhüllter* oder nackter oder, wie Searle manchmal sagt, „primärer" Zustand wäre, untersucht werden. Ich gebrauche das Konditional, weil mir scheint, daß es diese Nacktheit niemals gibt und die (narrative) Fiktion es immer aus verschiedenen Gründen vorzieht, ihre Blöße mit dem Mantel der Assertion zu decken.

Dieser Zustand könnte die Form einer Einladung zum Eintritt ins fiktionale Universum annehmen und infolgedessen, in illokutionären Termen, die einer Empfehlung, einer Aufforderung, einer Bitte, eines Vorschlags – sämtlich „direktive"[1], vom selben illokutionären „Ort" ausgehende Akte also, die nur durch ihr Maß an „Kraft" voneinander unterschieden sind. In diesem Sinne würde der assertorische Satz: „Es war einmal ein kleines Mädchen, das lebte mit seiner

---

1 Siehe „Eine Taxonomie illokutionärer Akte", *Ausdruck und Bedeutung,* S. 17–50.

Mama am Waldesrand" in Wirklichkeit etwas bedeuten wie:
„Stellen Sie sich bitte mit mir vor, daß einmal ein kleines
Mädchen war, etc." Dieser primäre oder erklärte Zustand des
fiktionalen Aktes könnte ohne Schwierigkeit in den Termen
beschrieben werden, die Searle in den *Sprechakten*[1] für die
Forderung angegeben hat, und schematisieren ließe sie sich in
einer Weise, wie sie derselbe Searle in *Ausdruck und Bedeutung*[2] empfiehlt: ! ↑ V (A stellt sich p vor) – das heißt, daß der
Sprecher eine Aufforderung formuliert, die eine Anpassung
der Realität an den Diskurs bewirken soll und den ernsthaften
Wunsch ausdrückt, sein Hörer (oder Leser) A möge sich
einen durch die Proposition p, nämlich: „Es war einmal, etc."
ausgedrückten Tatbestand vorstellen.

Dies ist eine mögliche Beschreibung des ausdrücklichen
Fiktionsakts, beziehungsweise der ausdrücklichen Fiktion.
Doch läßt sich, wie mir scheint, auch eine andere vertreten,
die ebenso adäquat ist und wohl für jene Fiktion, die Straw-
son „spitzfindig"[3] nennt, noch adäquater, bei der nämlich der
Appell an die imaginative Mitarbeit des Lesers, weil sie als
gegeben vorausgesetzt wird, unvermerkter geschieht, so daß
der Autor umwegloser und wie per Dekret verfahren kann:
der Akt der Fiktion ist dann nicht mehr eine Aufforderung,
sondern etwa das, was Searle eine *Deklaration* nennt. Deklarationen sind Sprechakte, mit denen der Sprecher auf Grund
der Macht, die er innehat, einen Einfluß auf die Wirklichkeit
ausübt. Diese Macht ist im allgemeinen institutionellen Typs
– etwa die eines Präsidenten („Die Sitzung ist eröffnet"), eines
Arbeitgebers („Sie sind entlassen!"), eines Kultus-Dieners
(„Ich taufe dich Peter")[4] –, aber Searle kennt selbst noch

---

1 Siehe „Struktur illokutionärer Akte", *Sprechakte*, Frankfurt, 1971.
2 S. 32.
3 *Études de logique et de linguistique*, Paris, 1977, S. 22–23.
4 Es ist diese Kategorie, auf die sich die seit Austin „performativ" genannte
Form am häufigsten bezieht; doch scheint sie mir entgegen der allgemeinen Meinung nicht notwendig mit dieser Kategorie verbunden zu sein.

andere Machttypen, so den des Übernatürlichen („Es werde
Licht"[1]) oder den, der sich auf das Sprechen selbst bezieht,
etwa wenn ein Redner sagt: „Ich kürze ab", oder ein Philosoph: „Ich definiere." Sicher wird jetzt klar, worauf ich
hinauswill, denn ich bin schon da: das *fiat* des Fiktionsurhebers liegt irgendwo zwischen dem des Demiurgen und dem
des Onomaturgen; wie das des letzteren setzt seine Macht das
mehr oder weniger stillschweigende Einverständnis eines
Publikums voraus, welches, nach der unverwüstlichen Formel von Coleridge, freiwillig auf sein Einspruchsrecht verzichtet. Diese Konvention erlaubt dem Autor, seine fiktionalen Objekte, ohne sich ausdrücklich an den Empfänger zu
wenden, in im Searleschen Sinne „deklarativer" Form zu
setzen, wobei die als gegeben erachtete Vorbedingung einfach
darin besteht, daß er das Recht dazu hat, und deren Operator
der Sprache der Mathematik entlehnt werden könnte („*Gegeben sei* ein Dreieck ABC"): „*Gegeben sei* ein kleines Mädchen, das mit seiner Mama, etc." Die pseudo-searlische Formel dafür wäre D ↕ ∅ (p) – die hier annähernd folgenderma
ßen wiederzugeben wäre: „Ich, der Autor, erkläre hiermit
fiktional, indem ich gleichzeitig die Worte mit der Welt und

Sie besteht in der expliziten assertiven Beschreibung (ich gestehe, daß
mich der Begriff „implizit performativ" ratlos macht) eines beliebigen
illokutionären Aktes: eines deklarativen natürlich („Ich erkläre die Sitzung für eröffnet"), aber auch eines expressiven („Ich drücke Ihnen mein
tiefstes Bedauern aus"), eines direktiven („Ich befehle Ihnen, zu gehen"),
eines promissiven („Ich verspreche Ihnen zu kommen") und selbst eines
assertiven: „Ich unterrichte Sie ...", „Ich bemerke ...", etc., nicht gerechnet aufdringliche Expletive wie „Ich würde meinen ...", oder „Sagen wir, daß ...". Die wenigen Unmöglichkeiten (man sagt nicht: „Ich
drohe dir ...") dürften der rhetorischen Ordnung angehören: der Drohung liegt nicht daran, sich als solche zu erklären, sondern sich zu
verhüllen, etwa mit dem Mantel des Rats: „Ich rate Ihnen zu gehen" (mit
dem Hintergedanken: „anderenfalls ..."). Umgekehrt kann ein deklarativer Akt eine nicht performative, beispielsweise assertive Form annehmen: „Die Sitzung ist eröffnet."
1 In Wirklichkeit scheint mir dieser Satz eher direktiv als deklarativ zu
sein, aber die Grenze ist hier sehr durchlässig.

die Welt mit den Worten in Übereinstimmung bringe, ohne irgendeine Bedingung der Wahrhaftigkeit zu erfüllen (= ohne daran zu glauben und ohne Glauben zu verlangen), daß p (= daß ein kleines Mädchen, etc.)." Der Unterschied zwischen einer solchen Deklaration und gewöhnlichen Deklarationen ist offensichtlich der imaginäre Charakter des „deklarierten" Ereignisses, das heißt des Inhalts von p, welchen zu verwirklichen nicht in der Macht des Autors steht, so wie ein Demiurg ein physikalisches und ein (bevollmächtigter) einfacher Sterblicher ein institutionelles Ereignis provozieren kann. Mindestens aber steht es in seiner Macht, im Geiste des Empfängers, und sei es nur auf flüchtige und prekäre Weise, eine entsprechende Erwägung hervorzurufen – und das ist jedenfalls ein Ereignis ganz für sich.

Der Unterschied zwischen der direktiven Formulierung („Stellen Sie sich vor, daß ...") und der Deklaration („Es sei ...") besteht darin, daß diese ihren perlokutionären Effekt miteinbezieht (darin besteht, diesen einzubeziehen): „Hiermit bringe ich Sie dazu, sich vorzustellen ..." Dieser Effekt ist jedoch in jedem Fall garantiert, denn allein schon, daß ich höre oder lese, daß einst ein kleines Mädchen am Waldesrand lebte, provoziert in meinem Geist unvermeidlich den Gedanken – und sei es nur, um ihn als fiktional oder müßig zu verwerfen –, daß einst ein kleines Mädchen am Waldesrand lebte. Die anmaßendere deklarative Formulierung erscheint mir also, eben *weil* sie anmaßender ist, als korrekter. Wie die mathematische und sicher noch einige andere kann also die narrative Fiktion in ihrem primären und ernsthaften Zustand vernünftigerweise als eine Deklaration im Searleschen Sinne beschrieben werden, und also als ein illokutionärer Akt *sui generis* oder zumindest *sui speciei* innerhalb der umfassenden Gattung der illokutionären Deklarationen mit begründender Funktion.

Der Übergang zum *nicht deklarierten,* und damit nicht (mehr) direktiven, nicht einmal deklarativen, sondern pseudo-assertiven Status, welcher der gewöhnliche des narrativen Fiktionsaktes ist, kann durch gewisse assertive Formulierungen von institutionellen Deklarationen vollzogen werden, Formulierungen, die gleichfalls darin bestehen, ihre eigene perlokutionäre Wirkung miteinzubeziehen. Der Satz „die Sitzung ist eröffnet", oder „Sie sind entlassen!" beschreibt den faktisch-institutionellen Zustand, der im Geist des Empfängers durch die Äußerung selbst bewirkt wird; der Satz „es war einmal ein kleines Mädchen ..." beschreibt den faktisch-mentalen Zustand, der eben durch die Äußerung im Geist des Empfängers bewirkt wird, und der Unterschied ist im Grunde sehr gering, denn faktisch-institutionelle sind kollektiv-mentale Zustände – wie häufig die durch fiktionale Aussagen provozierten mentalen Zustände. Zur Not ließen sich diese assertiven Formen als wörtliche Formulierungen und wahre Assertionen beschreiben: die Fiktionsaussagen wären ganz einfach Beschreibungen ihres eigenen mentalen Effekts. Das Unbefriedigende einer solchen Definition ist jedoch augenfällig: sie ist viel zu umfassend, denn sie bezieht sich auf alle Aussagen, fiktional oder nicht: die Sätze „Napoleon starb auf St. Helena" oder „Das Wasser kocht bei 100°" beschreiben ebenso gut (oder so schlecht) den Bewußtseinszustand ihrer Sender wie den ihrer Empfänger. Das Spezifische der Fiktionsaussage besteht darin, daß sie, im Gegensatz zu den Wirklichkeitsaussagen, die darüberhinaus (!) einen objektiv-faktischen Zustand beschreiben, nichts anderes als einen mentalen Zustand beschreibt. Die vollständige assertive Formulierung einer Wirklichkeitsaussage könnte etwa sein: „Es ist ein Fakt, daß das Wasser bei 100° kocht, und indem ich es sage, informiere ich Sie oder erinnere Sie daran"; die vollständige assertive Formulierung einer Fiktionsaussage wäre dagegen: „Es ist nicht wahr, daß einmal am Waldesrand ein kleines Mädchen lebte, etc., doch indem ich dies vortäusche, bewirke ich, daß Sie daran als an einen imaginären Sachverhalt denken." Offensichtlich kann man nicht sagen, daß allein der Satz „Es war einmal ein kleines Mädchen, etc." eine wörtliche Übersetzung dieser Aussage, noch, *a forteriori*, ihres direktiven oder deklarativen Gegenstücks darstellt. Es ist also korrekter, diese nicht ernsthafte Assertion als den nicht wörtlichen (aber gängigen) Ausdruck für eine der eben genannten wörtlichen (aber ungebräuchlichen) Formulierungen anzusehen.

Indem ich sage *nicht wörtlich,* habe ich bis jetzt die Wahl zwischen zwei genaueren Qualifikationen vermieden, deren Distinktion, wie mir scheint, von Searle selbst geliefert wird, wobei er freilich nicht in Betracht zieht, daß eine von ihnen sich auf die Fiktionsaussagen beziehen könnte. Die eine ist die als *übertragene* Aussage, die andere die als *indirekter* Sprechakt. Die erste Kategorie wird teilweise im Metaphernkapitel von *Ausdruck und Bedeutung* abgehandelt, die zweite ist insgesamt Gegenstand des bereits zitierten Kapitels, dem sie als Titel dient. Der Unterschied zwischen diesen beiden nicht wörtlichen Ausdruckstypen scheint, nach Searle, darin zu bestehen, daß beim übertragenen Ausdruck die wörtliche Interpretation unmöglich ist – oder daß, wenn man will, die wörtliche Bedeutung eindeutig unannehmbar ist: „Sie sind ein Löwe" ist wörtlich falsch; der Empfänger weiß, daß der Sender, sofern nicht des Wahnsinns, dies auch weiß, und diese manifeste wörtliche Falschheit ist es, die zu der Suche nach einer Bedeutung wie „Sie sind ein Held" zwingt. Umgekehrt erscheint die Primärbedeutung beim indirekten Sprechakt als „Supplement"[1] einer akzeptablen wörtlichen Bedeutung: „Sie haben das Salz" ist eine wahre, als solche akzeptable Assertion, die *darüber hinaus* die Bitte „Reichen Sie mir das Salz" suggeriert, selbst wenn diese „supplementäre" Assertion den echten illokutionären Ort des Satzes darstellt.

---

1 *Ausdruck und Bedeutung,* Kap. II.

Theoretisch und im Falle der (von mir) gewählten Beispiele ist die Unterscheidung klar und außer Frage. Ich bin nicht sicher, daß sie das immer auch praktisch ist. Manche Redefiguren haben eine akzeptable wörtliche Bedeutung, obwohl sie vor allem auf ihre übertragene Bedeutung verweisen: „Ich arbeite im Elysée" ist im Munde eines Mitarbeiters des Präsidenten der Republik wörtlich wahr, weil sein Arbeitsplatz sich in der Rue du Faubourg Saint-Honoré 55 befindet, auch wenn der suggerierte metonymische Sinn lautet: „Ich arbeite beim Präsidenten der Republik"; und umgekehrt ist die kanonische Aussage des indirekten Sprechakts „Können Sie mir das Salz reichen?" (Bitte in Frageform[1]) in seiner wörtlichen Form kaum annehmbar, denn zumeist ist die Antwort (für alle) schon eindeutig bekannt, was die Frage von der Vorbedingung der Wahrhaftigkeit entlastet. Eine falsche Frage also, die jener als solche ausgewiesenen Redefigur, welche die rhetorische Frage ist („Ist die *Venus von Milo* aus Marmor oder nicht?"), sehr nahesteht. Kurz, der Unterschied zwischen Redefigur und indirektem Sprechakt – oder besser gesagt, zwischen indirektem Sprechakt mit inakzeptabler wörtlicher Bedeutung und indirektem Sprechakt mit akzeptabler wörtlicher Bedeutung – ist also sehr zweitrangig gegenüber jener Gemeinsamkeit, die darin besteht, daß ein illoku-

---

1 Man bemerkt, daß bei der Beschreibung der indirekten Akte, die in diesem Kapitel als Forderungen in Frageform untersucht werden, die in Kap. I vollzogene Zurechnung der Fragen zu den Forderungen ignoriert wird (eine übrigens sehr diskrete Annexion, denn sie ist in nur einem Satz enthalten: „Fragen sind eine Teilklasse der Direktiven, denn sie sind Versuche seitens S, H zum Antworten – das heißt zum Vollzug eines Sprechaktes – zu bewegen." *Ausdruck und Bedeutung,* S. 33). Will man sie berücksichtigen, dann muß die Beschreibung in folgender, logisch bizarrer Weise umformuliert werden: „Forderung in Form jener Forderungs-Teilkategorie, welche die Frage ist" – als ob man sagen würde: „Offizier als Hauptmann verkleidet." Vielleicht bringt die Annexion auch hier, wie so oft, mehr Nachteile als Vorteile mit sich. Nicht zu vergessen ist jedoch, daß die indirekten Akte keineswegs sämtlich Forderungen in Frageform sind – weit entfernt!

tionärer Akt in Form eines anderen illokutionären Akts getätigt wird, anderen (Bitte in Form einer Frage, einer Assertion, eines Versprechens, einer Assertion in Form einer Bitte: „Sie wollen wissen ...", etc.) oder desselben Typs: Frage in Form einer anderen Frage, wie bei „Haben Sie die Uhrzeit?", etc.

Ich weiß nicht, was Searle von einer solchen Semi-Assimilation halten würde, doch ich erinnere daran, daß er nicht daran denkt, die Kategorie der indirekten Sprechakte auf den Fiktionsdiskurs anzuwenden, und daß er diese Anwendung für die Redefiguren ausdrücklich zurückweist – im Namen einer, wie ich meine, fragilen Unterscheidung zwischen „nicht ernsthaft" und „nicht wörtlich".[1] „Hegel ist eine Nachtigall" kann in seiner übertragenen Bedeutung („Hegel ist veraltet") eine ernsthafte Behauptung sein; im wörtlichen Sinn ist dieser Satz offensichtlich keine. Umgekehrt kann (das ist ja meine These) der Satz „Es war einmal ein kleines Mädchen, etc.", der von Searle einfach als nicht ernsthaft qualifiziert wird, als ein (in meinem umfassenden Sinne) indirekter und also komplexer illokutionärer Akt definiert werden, dessen Vehikel eine fingierte oder nicht-ernsthafte Assertion und dessen Inhalt *ad libitum* eine Aufforderung („Stellen Sie sich vor ..."), eine Deklaration („Fiktional" bestimme ich, daß ...") und sogar eine andere, offensichtlich ernsthafte Assertion sein kann wie: „Hiermit wünsche ich in Ihrem Geist die fiktionale Geschichte eines kleinen Mädchens

---

1 *Ausdruck und Bedeutung*, S. 82. In ihrem Vorwort zur französischen Ausgabe illustriert Joëlle Proust die wörtliche Aussage richtig durch die (schwer übersetzbare) Formel: „He means what he says." Der Akzent liegt offensichtlich auf *what;* aber dieselbe Formel könnte mit dem Akzent auf *means* die ernsthafte Äußerung illustrieren. „I mean it" bedeutet eben: „Ich spreche im Ernst." Die Nuance ist winzig, und es ist im allgemeinen sehr schwierig oder auch müßig, beispielsweise zu unterscheiden, ob ein Scherz als nicht wörtlich oder nicht ernsthaft gelten soll.

zu erregen, etc."[1] Einer solchen Beschreibung geht es keineswegs darum, die von Searle zu *ersetzen* („Die Fiktionstexte sind fingierte Assertionen"), sondern sie, annähernd wie folgt, zu *ergänzen:* „... hinter welchen, als indirekten Sprechakten, sich fiktionale Sprechakte verbergen, die selbst wieder *per definitionem* ernsthaft illokutionäre Akte *sui speciei* sind."

Davon ausgehend scheint mir die Frage, ob diese Indirektheit eine übertragene (mit wörtlich inakzeptabeler und primär substitutiver Bedeutung) oder die eines indirekten Searleschen Sprechaktes (mit wörtlich akzeptabler und primär supplementärer Bedeutung) gleichfalls zweitrangig zu sein. Man könnte erwägen, sie in unwahrscheinliche oder phantastische und in wahrscheinliche oder realistische Fiktionen einzuteilen. Dann wäre etwa eine solche Aussage wie: „Die Eiche sagte eines Tages zum Schilfrohr...", die eindeutig fiktional ist und unter der sich mithin nur eine fiktionale Aufforderung oder Deklaration verbergen kann, als *übertragen* einzuordnen; und einfach als *indirekt* eine Aussage wie: „Am 15. September 1840 gegen sechs Uhr früh lag, in dichte Dampfwolken gehüllt, die *Ville-de-Montereau* abfahrtbereit am Quai Saint-Bernard...", deren wörtliche Bedeutung völlig akzeptabel ist und vermutlich irgendeiner empirischen Realität entspricht, und deren Fiktionalität keineswegs eine logische oder semantische Evidenz ist, sondern eher auf einer kulturellen Wahrscheinlichkeit beruht[2], die durch eine gewisse Zahl konventioneller Daten textueller, kontextueller

---

1 Ich glaube nicht, daß diese freie Übersetzung einen Einwand gegen meine Analyse bedeutet: dieselbe Unsicherheit schwebt über den meisten Redefiguren, und auch über den indirekten Sprechakten. „Können Sie mir das Salz reichen?" verbirgt ebenso eine Forderung („Reichen Sie mir das Salz!") wie eine Information, etwa: „Ich wünsche, daß Sie mir das Salz reichen", etc.

2 J. O. Urmson („Fiction", *American Philosophical Quarterly*, XIII–2, April 1976) bemerkt sehr richtig, daß das *Incipit* des *Rotkäppchens* gute Chancen hat, einer gegenwärtigen oder vergangenen empirischen Wirk-

und paratextueller Art nahegelegt wird. Die fingierten Behauptungen wären also Redefiguren, wenn sie illokutionäre Akte logischer Fiktion (Fabeln zum Beispiel), und indirekte searlesche Sprechakte, wenn sie lediglich Akte kultureller Fiktion (realistische Romane zum Beispiel) zum Inhalt hätten. Doch diese Unterscheidung scheint mir recht künstlich und im einzelnen schlecht anwendbar, denn die fiktionale Praxis vermischt beide Typen unaufhörlich: sogar die Märchen holen tausend Einzelheiten aus der Realität, und noch der wahrscheinlichste Roman kann nicht lange als wahre Geschichte gelten. Vor allem scheint sie mir jedoch zu umständlich und zu sehr von Vorbedingungen belastet, um auf die Nuancen oder Varianten dessen, was schließlich nur eine ganz leichte Verkleidung ist, anwendbar zu sein: auf die Verkleidung der fiktionalen Deklarationen als vorgebliche Assertionen. Ich ziehe also vor, die Entscheidung zwischen diesen beiden Arten von (wie ich meine) indirekten Akten offen zu lassen und die gewöhnlichen Fiktionsaussagen umfassender als fingierte Assertionen zu definieren, die in mehr oder weniger evidenter und transparenter Weise[1] durchaus ernsthafte Deklarationen (oder Forderungen), die als illoku-

---

lichkeit zu entsprechen, wodurch es jedoch keineswegs gehindert wird, als fiktional zu gelten.

1 Dieser Transparenzgrad hängt nicht nur vom mehr oder weniger manifest fiktionalen Charakter des Inhalts ab, sondern auch vom Präsuppositionsgrad der assertiven Formel selbst, einer naiven („Es war einmal …") oder einer „raffinierten" („Als Aurélien Bérénice zum ersten Mal sah …"), oder auch vom Vorhanden- oder Nichtvorhandensein von „Fiktionalitätssymptomen" (Hamburger), die etwa durch ein Merkmal gegeben sind, wie ihn der direkte Zugang zur Subjektivität einer Person darstellt („… fand er sie direkt häßlich"). Nicht gerechnet, wohlgemerkt, die paratextuellen Signale der Gattung *Roman*, *Märchen* oder *Novelle*. Es mag überflüssig scheinen, ständig über die *Incipit*-Formeln zu diskutieren, so als ob man niemals weiter läse. Doch ihre Funktion ist entscheidend und eigentlich gründend: ist das von ihnen auf die eine oder andere Art eingesetzte Universum erst akzeptiert, dann funktioniert die Fortsetzung nach dem quasi-ernsthaften Modus des fiktionalen Konsens.

tionäre Akte gelten müssen, zum Inhalt haben. Was die angestrebte perlokutionäre Wirkung betrifft, so ist sie offensichtlich ästhetischer, oder spezifischer noch artistischer Art im Sinne des aristotelischen *poiein:* des Hervorbringens eines fiktionalen *Werks.*

All dies bezieht sich freilich auf einen als gänzlich homogen angenommenen „fiktionalen Diskurs", so als ob ein narrativ-fiktionaler Text ausschließlich aus einer Folge von Sätzen vom Typ „Es war einmal..." bestünde, deren sämtliche Referenten ebenso manifest fiktiv wären wie das Rotkäppchen. Das ist offensichtlich nicht der Fall: Searle selbst erwähnt den nach seiner Meinung völlig extra-fiktionalen Status gewisser gnomischer Aussagen, wie des ersten Satzes von *Anna Karenina,* in dem Tolstoi durchaus ernsthaft und wahrhaftig seine Meinung zu den Freuden und Leiden des Familienlebens geäußert habe. Ich bin nicht sicher, daß, bei diesem Beispiel und *a forteriori* bei anderen, die Situation so klar ist, und ich sehe auch nicht, warum sich ein Romancier für die Zwecke seiner Fiktion der Möglichkeit berauben sollte, *ad hoc* Maximen zu äußern, die ebenso wenig „wahrhaftig" sind wie seine narrativen und deskriptiven Aussagen[1], doch es ist klar, daß im fiktionalen Text durch diesen Typ von Sätzen zumindest Inseln der Nicht-Fiktionalität oder Unentscheidbarkeit geschaffen werden können, wie das berühmte *Incipit* von *Pride and Prejudice:* „Es ist eine allgemein anerkannte Wahrheit, daß ein Junggeselle mit einem beträchtlichen Vermögen das Bedürfnis haben muß, sich zu verheiraten..." Das gleiche gilt für zahllose Aussagen historischen oder geographischen Typs, die durch ihre Einfügung in einen fiktionalen Kontext und ihre Unterordnung unter fiktionale Zwecke

---

1 Siehe Käte Hamburger, S. 111 ff.; und meinen Aufsatz „Vraisemblance et motivation", in *Figures II,* Paris, 1969.

nicht unbedingt ihren Wahrheitswert verlieren. So etwa der Beginn der *Princesse de Clèves:* „Noch nie hatten Pracht und Galanterie in Frankreich einen solchen Glanz entfaltet wie in den letzten Jahren der Regentschaft Heinrichs II ...“ Schließlich können die am typischsten fiktionalen Referenten, Anna Karenina oder Sherlock Holmes, durchaus an die Stelle realer Vorbilder, die für sie „Modell gestanden“ haben wie Hendrickje für Bathseba (oder wie George Sand für Camille Maupin oder Illiers für Combray), getreten sein, so daß die Fiktionalität der sie betreffenden Propositionen nur auf einer Duplizität der Referenz beruht, indem nämlich der Text ein fiktives *x* denotiert, während er ein reales *y* beschreibt. Es kann hier nicht darum gehen, sich mit diesen unendlich komplexen Verfahren im Detail zu befassen, doch zumindest bleibt festzuhalten, daß der „Fiktionsdiskurs“ ein *patchwork* ist, ein mehr oder weniger homogenisiertes Amalgam von heterokliten, zumeist der Realität entnommenen Elementen. So wie der Löwe, nach Valéry, kaum mehr als verdautes Lamm ist, so besteht die Fiktion fast ausschließlich aus einem fiktionalisierten Realen, und die Definition ihres Diskurses in illokutionären Begriffen kann nicht anders als fluktuierend oder global und synthetisch sein: ihre Assertionen sind keineswegs alle gleichermaßen fingiert, und streng und integral ist es vielleicht keine – so wie auch eine Sirene oder ein Kentaur kein integral imaginäres Wesen ist. Für die Fiktion als Diskurs gilt zweifellos das gleiche wie für die Fiktion als Entität oder als Bild: das Ganze ist fiktiver als jeder seiner Teile.

Schließlich ist festzustellen, daß sich eine illokutionäre Definition des Fiktionsdiskurses prinzipiell nur auf seinen *intentionalen* Aspekt und sein geglücktes (*felicitous*) Ergebnis beziehen kann, welches zumindest darin besteht, daß seine fiktionale Intention anerkannt wird. Genauso wie jedoch eine Redefigur oder ein indirekter Sprechakt scheitern kann, weil der Empfänger sie nicht zu dechiffrieren vermochte („Ich, ein

Löwe? Sie sind verrückt!"; „Ja, ich kann Ihnen das Salz reichen, welche Frage!"), so kann auch ein Fiktionsakt als solcher scheitern, weil der Empfänger seine Fiktionalität nicht wahrgenommen hat, wie Don Quichotte, der die Bühne von Meister Pedro betritt, um die Bösen totzuschlagen und die Guten zu retten. Bisweilen ist zur Verhinderung solcher Mißverständnisse der massive Rückgriff auf die Ressourcen des Paratexts ratsam. Doch es ist, wie wir wissen, auch möglich, daß eine Geschichte je nach dem kulturellen Kontext den Status wechselt: von den (und für die) einen als Wahrheit produziert, wird sie von den anderen als Trug bewertet und, durch ein „Recycling" in die Fiktion, neuinterpretiert. So illustriert der Mythos einen Zustand *unfreiwilliger* Fiktion, deren illokutionäre Formulierung an beiden Enden der Kette nicht übereinstimmt. Und diese Art von Quidproquo kann nicht nur die „Darstellung" affizieren, sondern die Realität selbst, wenn sie als Fiktion aufgefaßt wird; so wie man sich kneift, um wach zu werden, während man es bereits allzu sehr ist. Der umgekehrte Irrtum Don Quichottes wird recht hübsch von einer im *New Yorker* erschienenen Zeichnung von Robert Day dargestellt.[1] In sintflutartigem Regen sieht man ein Auto mit einer Panne am Straßenrand liegen. Der völlig durchnäßte Fahrer bemüht sich, einen geplatzten Reifen zu wechseln. Seine beiden im Wageninneren gebliebenen Kinder sehen ihm ungeduldig und, wie ich aus der Antwort des unglücklichen Vaters schließe, offensichtlich ungläubig zu: „Don't you understand? This is *life*, this is what is happening. We *can't* switch to another channel."

Rekapitulieren wir. Mir scheint, man kann die intentional fiktionalen Äußerungen sinnvoll als nicht ernsthafte (oder

---

1 Sammlung 1925–1975, Viking Press, 1975.

nicht wörtliche) Assertionen beschreiben, die im Modus des indirekten Sprechaktes (oder der Redefigur) explizite fiktionale Deklarationen (oder Aufforderungen) enthalten. Diese Beschreibung scheint mir ökonomischer als die von Searle, der (S. 88) den Rekurs auf mysteriöse „horizontale Konventionen" verlangt, auf „außersprachliche, nicht semantische Konventionen, die die Verbindung zwischen den Worten und der Welt zerbrechen" und „die normale Tätigkeit der Regeln, die die illokutionären Akte und die Welt miteinander verbinden, aufheben". Meine Beschreibung verlangt lediglich die – im übrigen auch von Searle vollzogene – Anerkennung der offensichtlichen (und weitgehend außerhalb der Fiktion eingesetzten) Fähigkeit der normalen Sprache, mehr, weniger oder anderes als das Gesagte zu verstehen zu geben.

Ich habe absichtlich den Fall der anderen (fiktionalen oder nichtfiktionalen) Formen des literarischen Diskurses in dieser Analyse unberücksichtigt gelassen, aber ich bezweifle auch, daß es von dem hier interessierenden Gesichtspunkt aus dazu noch viel zu sagen gibt. En passant habe ich den illokutionären Status des Diskurses von Personen auf dem Theater und in der „gemischten" Erzählung definiert, und damit zugleich den der narrativen Fiktion in der ersten Person: für mich lassen sich alle diese Diskurse in Wirklichkeit auf den dramatischen Modus (eine Person spricht) zurückführen; sie bestehen aus ernsthaften, mehr oder weniger stillschweigend[1] als *intrafiktional* gesetzten Illokutionen – die Fingiertheit besteht hier, wie Plato und Searle sagen, in einer Simulation oder Substitution von Identität (Homer gibt vor, Chryses zu sein; Doyle gibt vor, Watson zu sein, wie Sophokles vorgibt,

---

1 Die stillschweigendste Position ist die, die das „reine" Theater einnimmt, ohne Einführung über Regieanweisungen oder einen Rezitator; die expliziteste die Personenreden der narrativen Fiktion, die von einer Erzählung, die „ihnen das Wort gibt", eingeführt werden.

Ödipus oder Kreon zu sein), welche den Diskurs einer Person, der innerhalb ihres fiktionalen Universums durchaus ernsthaft ist[1], überschattet und bestimmt – es sei denn, daß diese Person selber, wie Scheherezade oder Savarus, eine Fiktion zweiten Grades produziert. Mit dieser Beschreibung ist für mein Empfinden der Fall erschöpft. Was den Diskurs der nicht fiktionalen Literatur betrifft, sei sie narrativ (Geschichtsschreibung, Autobiographie, Tagebuch) oder nicht (Essays, Aphorismen, etc.), so besteht er offensichtlich aus dem, was Käte Hamburger „Wirklichkeitsaussagen" nennt – ernsthafte Illokutionen (wahrheitsgetreu oder nicht), deren pragmatischer Status meiner Ansicht nach kein Geheimnis und sozusagen ohne Interesse ist. Was in Frage steht, ist ihre intentionale oder nicht intentionale *Literarität*, das heißt also, noch einmal, ihre mögliche ästhetische Funktion. Aber das ist wieder eine ganz andere Geschichte – welche sicherlich mit der intentionalen Logik der Illokution nicht mehr viel zu tun hat.[2]

Der einzige literarische Diskurstyp, der einen spezifischen *illokutionären* Status besitzt, ist also die „unpersönliche" narrative Fiktion. Die anderen können sich durch formale und durch funktionale (Bewegen, Zerstreuen, Verführen, etc.) Merkmale unterscheiden, die man richtiger *perlokutionär* nennen sollte – ohne Ansehen ihres Inhalts und unbeschadet der Fälle von unfreiwilliger Literarität, wie sie Stendhal etwa (beinahe) dem Code civil zubilligte. Denn glücklicher

---

1 Zur Bezeichnung dieser fiktionalen Personen zugeschriebenen ernsthaften Illokutionen schlägt Marcia Eaton den glücklichen Term *translokutionäre Akte* vor („Liars, Ranters and Dramatic Speakers", in B. R. Tilghman (ed.), *Language and Aesthetics*, University of Kansas, 1973).
2 Auch hier schließt die Diagnose einfacher Formen nicht die Existenz komplexer Zwischenformen zwischen dem Fiktionalen und dem Nicht-Fiktionalen aus, so wenn Hamburger den *lyrischen* Text durch die Unbestimmtheit seines Sprechers definiert.

weise kann es vorkommen, daß es, entgegen den Regeln der Illokution, „am Leser ist, zu entscheiden, ob [ein Text] Literatur ist oder nicht".[1]

---

1 Ich ersetze „Werk" (*Work*) durch „Text", denn diese Bemerkung hat für mich nicht exakt dieselbe Bedeutung wie für Searle. Für ihn scheint, noch einmal, das Literaritätsurteil eine Sache des *Verdienstes* zu sein, welcher dem, was in jedem Fall ein Werk ist, zugeschrieben wird; für mich ist es eine Sache der ästhetischen *Funktion,* die einem Text beigelegt wird, der nicht notwendig in dieser Intention produziert wurde.

3. Fiktionale Erzählung, faktuale Erzählung

Wenn die Worte eine Bedeutung haben (und selbst wenn sie mehr als eine haben), dann müßte sich die Narratologie – in ihrer rhematischen Richtung, als Untersuchung des narrativen Diskurses, ebenso wie in ihrer thematischen, als Analyse der von diesem Diskurs erzählten Ereignis- und Aktionsabfolgen – mit allen Arten von Erzählungen beschäftigen, den fiktionalen wie den nichtfiktionalen. Ganz offensichtlich jedoch haben die beiden Zweige der Narratologie ihre Aufmerksamkeit bisher fast ausschließlich den Verfahren und Objekten der fiktionalen Erzählung zugewandt[1]; und das nicht einfach durch eine empirische Wahl, welche das Urteil über die momentan und bewußt ausgesparten Aspekte offen lassen würde, sondern vielmehr kraft eines impliziten Privilegs, welches die fiktionale Erzählung zur Erzählung par excellence oder zum Modell einer jeden Erzählung hyposta-

---

1 Die Feststellung hat schon Paul Ricoeur getroffen, *Zeit und Erzählung*, II, München, 1989, S. 11. Frappierend illustrieren diesen Sachverhalt zwei annähernd gleichzeitige Texte von Roland Barthes: „Introduction à l'analyse structurale des récits" (1966), *L'aventure sémiologique*, Paris, 1985 (*Das semiologische Abenteuer*, Frankfurt, 1988), und „Le discours de l'Histoire" (1967), *Le Bruissement de la langue*, Paris, 1984. Der erste Text behandelt trotz seines sehr allgemeinen Titels nur Fiktionserzählungen; der zweite vernachlässigt, trotz einer initialen Antithese zwischen „historischer Erzählung" und „fiktiver Erzählung" die narrativen Aspekte des historischen Diskurses vollständig. Diese werden *in fine* als eine dem neunzehnten Jahrhundert angehörende Devianz (Augustin Thierry) verworfen und abgewertet im Namen von anti-„ereignishaften" Prinzipien der französischen Schule – die seitdem ...

siert. Die wenigen Forscher – ein Paul Ricoeur, ein Hayden White, ein Paul Veyne, zum Beispiel –, die sich für die Figuren und Intrigen der historischen Erzählung interessiert haben, taten dies vom Standpunkt einer anderen Disziplin aus: der Philosophie der Temporalität, der Rhetorik oder der Epistemologie; und als Jean-François Lyotard die Kategorien des *Discours du récit* auf den journalistischen Bericht vom Tod eines politischen Aktivisten anwandte[1], ging es ihm eher darum, die Grenzen der Fiktion zu verwischen. Welches nun aber die Verdienste und Schwächen der fiktionalen Narratologie in ihrem gegenwärtigen Zustand auch sein mögen, ob sie uns von einer spezifischen Untersuchung der faktualen Erzählung[2] dispensiert, ist zweifelhaft. Sicher ist jedenfalls, daß sie einer Untersuchung der Anwendbarkeit ihrer Resultate, ja ihrer Methoden auf ein Gebiet, das sie ungerechtfertigterweise stillschweigend annektiert hatte, ohne es je wirklich erforscht zu haben, nicht auf Dauer ausweichen kann.

Damit lege ich freilich auch ein eigenes Versäumnis bloß, denn schließlich hatte ich einst selbst eine *Discours du récit* betitelte Studie eindeutig auf die fiktionale Erzählung begrenzt, ein Fehler, den ich im *Nouveau Discours du récit*, trotz eines prinzipiellen Vorbehaltes[3] gegen diese allzu einseitige Behandlung dessen, was eine *eingeschränkte Narratologie* zu nennen wäre, wiederholte. Indessen habe ich nicht die Absicht – und auch nicht die Mittel –, hier mit der in gewisser Weise symmetrischen Untersuchung der charakteristischen Eigenschaften des faktual erzählenden Diskurses zu beginnen. Dazu wäre eine umfassende Enquête nötig, die sich auf

---

1 „Petite économie libidinale d'un dispositif narratif" (1973), in *Des dispositfs pulsionnels,* Paris 1980.
2 Ich bediene mich notgedrungen dieses nicht ganz zutreffenden Adjektivs (denn auch die Fiktion besteht aus Verkettungen von *Fakten*), um den systematischen Rekurs auf negative Ausdrücke zu vermeiden (*Nicht-Fiktion, nicht-fiktional*), die das Privileg, gegen das ich angehen möchte, gerade spiegeln und perpetuieren.
3 *Nouveau Discours du récit*, Paris, 1983, S. 11.

Praktiken wie die Geschichtsschreibung, das Tagebuch, den Presse- und Polizeibericht, die gerichtliche *narratio*, den täglichen Klatsch und andere Formen dessen erstrecken würde, was Mallarmé die „universale Reportage" nannte – oder es bedürfte zumindest der systematischen Analyse eines als typisch angenommenen Textes, etwa der *Confessions* oder der *Geschichte der französischen Revolution*.[1] Ich möchte statt dessen, provisorisch und auf mehr theoretische oder zumindest apriorische Weise, untersuchen, aus welchen Gründen sich die faktuale und die fiktionale[2] Erzählung zu der von ihnen „berichteten" Geschichte verschieden verhalten, einzig weil diese im einen Fall „wahr" ist (oder als „wahr" gilt) und im anderen fiktiv, das heißt, von dem, der sie gerade erzählt, erfunden oder von jemand anderem, von dem er sie übernimmt. Ich sage „gilt", weil es vorkommt, daß ein Historiker ein Detail erfindet oder ein „Intrige" arrangiert, oder daß ein Romancier sich an einer Zeitungsnotiz inspiriert: worauf es hier ankommt, ist der offizielle Status des Texts und sein Lektürehorizont.

Der Pertinenz eines solchen Versuchs steht jedoch unter

---

1 Zu letztgenanntem Text, cf. Ann Rigney, „Du récit historique", *Poétique* 75, September 1988. In der Nachfolge von Hayden White interessiert sich die Autorin weniger für die narrativen Verfahren als für die Mittel der „Sinnproduktion" in einer Erzählung, die als wesentlich (und authentisch) retrospektiv definiert ist und also ständig von der Antizipation angezogen wird. Von den einzel- und gattungsbezogenen Untersuchungen ist noch zu erwähnen die Arbeit von Philippe Lejeune, „L'ordre du récit dans *Les Mots* de Sartre" (*Le Pacte autobiographique*, Paris, 1975) und die von Daniel Madelénat über die Wahl von Modus, Ordnung und Tempo in der Biographie (*La Biographie*, Paris, 1983, S. 149–158).

2 Aus evidenten Gründen lasse ich hier die nicht narrativen (beispielsweise dramatischen) oder sogar nichtsprachlichen (zum Beispiel den Stummfilm) Formen der Fiktion beiseite. Die nichtsprachlichen sind per definitionem, durch die Wahl des Mediums nicht literarisch; dagegen scheint mir die Unterscheidung zwischen schriftlichen und oralen Formen der narrativen Fiktion hier nicht relevant zu sein, und die zwischen literarischen (kanonischen) und nicht literarischen (populären, familiären, etc.) zu zweifelhaft, um berücksichtigt zu werden.

anderem die Meinung eines John Searle entgegen, für den es *a priori* „keine textuelle, syntaktische oder semantische [noch auch, infolgedessen, narratologische] Eigenschaft geben kann, die es gestattet, einen Text als Fiktion zu identifizieren"[1]; die fiktionale Erzählung sei eine simple Vortäuschung oder Simulation der faktualen Erzählung, in welcher der Romancier beispielsweise ganz einfach so tut (*pretends*), als ob er eine wahre Geschichte erzählte, zwar ohne ernsthaft vom Leser Glauben zu verlangen, doch ohne in seinem Text die mindeste Spur dieser mangelnden Ernsthaftigkeit zu hinterlassen. Diese Meinung wird jedoch keineswegs allgemein geteilt. Sie steht beispielsweise der von Käte Hamburger entgegen[2], die das Feld der „Fingiertheit" lediglich auf den Roman in der ersten Person – eine von der authentischen autobiographischen Erzählung ununterscheidbare Simulation – begrenzt, bei der eigentlichen Fiktion (in der dritten Person) dagegen unbestreitbare textuelle Fiktionalitäts-„Symptome" hervorhebt. In gewisser Hinsicht zielt die folgende summarische Untersuchung darauf ab, diese beiden Thesen gegeneinander abzuwägen. Bequemlichkeitshalber, und vielleicht weil ich mir andere Kategorien nicht vorstellen kann, werde ich dem im *Discours du récit* erprobten Verfahren folgen und nacheinander die Fragen der Ordnung, der Schnelligkeit, der Frequenz, des Modus und der Stimme untersuchen.

---

1 „Der logische Status des fiktionalen Diskurses."
2 *Die Logik der Dichtung*, Kap. IV, „Die Sonderformen". Zu einem Vergleich zwischen den Thesen dieses Werks und den methodologischen Postulaten der Narratologie, siehe Jean-Marie Schaeffer, „Fiction, feinte et narration". Ohne wie Searle über die Fiktion im allgemeinen zu handeln, stellt Philippe Lejeune wie Käte Hamburger zwischen Autobiographie und autobiographischem Roman „keine Differenz" fest, „wenn man auf der Ebene der internen Textanalyse bleibt" (*L'Autobiographie en France*, Paris, S. 24). Die von ihm 1972 eingeführten Unterschiede (*Le pacte autobiographique*, insb. S. 26), denen wir wiederbegegnen werden, gehören der paratextuellen und mithin nicht eigentlich narratologischen Ordnung an.

Ordnung

1972 hatte ich ein wenig vorschnell geschrieben, die folkloristische Erzählung folge einer Ordnung, die die chronologische Ereignisabfolge stärker berücksichtigt, als es in der von der *Ilias* eröffneten literarischen Tradition mit ihrem Beginn *in medias res* und ergänzender Analepse der Fall ist. Ich habe diese These im *Nouveau Discours du récit* etwas abgeschwächt, indem ich einräumte, daß der Usus von Anachronien eher in der *Odyssee* inauguriert wird und seine Fortsetzung eher in der Gattung des Romans als in der epischen Tradition findet. Unterdessen hat mich Barbara Herrnstein Smith in einem sehr interessanten Aufsatz, auf den ich erst im nachhinein aufmerksam wurde[1], zu einer weiteren Einschränkung aufgefordert, mit dem Argument, „die streng chronologische Ordnung sei in den folkloristischen Erzählungen nicht nur ebenso *selten* wie in irgendeiner anderen literarischen Tradition, sondern es sei auch praktisch *unmöglich*, für welchen Erzähler auch immer, an ihr in einer Aussage von mehr als minimaler Länge festzuhalten". Aufgrund der Natur des Diskurses sei also, in anderen Worten, die Nicht-Linearität in der Erzählung sogar eher die Regel als die Ausnahme. Und ebendeshalb sei die historische „Abfolge" wohl nahezu das Entgegengesetzte von dem, was Genette annehme: im selben Maß, wie ein Text einer vollendet *chronologischen* Ordnung folgt, würde er wahrscheinlich als ein höchst formbewußter, „artistischer" und „literarischer" zu bewerten sein.[2] Diese antilessingsche Umkehrung ist vielleicht genauso

---

1 „Narrative Versions, Narrative Theories", *Critical Inquiry*, Herbst 1980, S. 213–236. Diese Kritik betrifft gleichermaßen die Arbeiten der „klassischen" Narratologie, darunter die von Seymour Chatman und die meine, und die Studie von Nelson Goodman, „Twisted Tales", *ibid.*, S. 103–119. Antworten von Goodman („The Telling and the Told") und Chatman sind in derselben Zeitschrift erschienen, Sommer 1981, S. 799–809.
2 S. 227.

exzessiv, wie die These, gegen die sie sich richtet, und es war wohlgemerkt keineswegs meine Absicht, eine historische „Progression" zu postulieren, indem ich die homerische Anachronie der angenommenen Linearität der etwa von Perrault oder Grimm gesammelten Märchen entgegenstellte! In jedem Fall werden lediglich zwei oder drei Gattungen (Märchen, Roman-Epopöe) innerhalb des fiktionalen Feldes in dieser Konfrontation einander gegenübergestellt. Doch ich übernehme von dieser Kritik den Gedanken, daß kein Erzähler, auch außerhalb der Fiktion und der schriftlichen oder oralen Literatur, natürlich und ohne Anstrengung zu einer strengen Respektierung der Chronologie imstande ist. Sollte, wie ich annehme, über diesen Satz Konsens herrschen, dann würde daraus auch *a forteriori* folgen, daß nichts der faktualen Erzählung den Gebrauch von Analepsen *verbietet*. Von dieser grundsätzlichen Position werde ich nicht abgehen, jenseits derer ein genauerer Vergleich nur eine Sache der Statistik wäre – welche vermutlich je nach Epochen, Autoren, Einzelwerken, aber auch je nach fiktionalen und faktualen *Gattungen* sehr verschiedenartige Verfahren nachweisen und so von diesem Gesichtspunkt her weniger Verwandtschaften zwischen allen fiktionalen Typen einerseits und allen faktualen Typen andererseits sichtbar machen würde, als zwischen einem bestimmten fiktionalen und einem bestimmten faktualen Typ – etwa, ein beliebiges Beispiel: zwischen dem Roman in Tagebuchform und dem authentischen Tagebuch. Meine „Beliebigkeit" ist allerdings nicht ganz unschuldig, und dieses Beispiel legt, wie ich hoffe, einen wichtigen Vorbehalt nahe – den ich mir allerdings für später vorbehalten möchte.

Doch der Artikel von Barbara Herrnstein Smith stellt die Frage nach den Unterschieden zwischen Fiktion und Nicht-Fiktion hinsichtlich der Behandlung der Chronologie auf andere, radikalere Weise: die Autorin fragt sich, ob und wann der (von der Narratologie in der Tat postuliere) Vergleich zwischen der Ordnung der Geschichte und der der Erzählung möglich ist, und antwortet, daß er es nur dann ist, wenn der Kritiker *außerhalb der Erzählung selbst* über eine unabhängige Informationsquelle zur zeitlichen Abfolge der „berichteten" Ereignisse verfügt – ohne welche er lediglich die Ereignisse in der durch die Erzählung selbst gelieferten Reihenfolge aufnehmen und registrieren kann. Nach Herrnstein Smith besteht diese Verfügbarkeit lediglich in zwei Fällen: wenn nämlich das Fiktionswerk von einem früheren Werk abgeleitet ist – etwa bei der neuesten Version des *Aschenputtel* –, sowie bei nicht-fiktionalen Werken, wie der historischen Erzählung. Einzig in diesen Fällen, meint sie, „hat es Sinn zu sagen, daß eine gegebene Erzählung die Abfolge einer gegebenen Gesamtheit von Ereignissen oder von Ereignissen einer gegebenen Geschichte modifiziert hat".[1] Nur in diesen beiden Fällen, anders gesagt, verfügen wir, oder können wir verfügen, über mindestens *zwei* Erzählungen, deren erste als die Quelle der zweiten und deren chronologische Ordnung als die *Ordnung der Geschichte* angesehen werden kann, welche das Maß für die eventuellen Verzerrungen, welche ihr gegenüber die *Ordnung der (zweiten) Erzählung* aufweist, abgibt. Barbara Herrnstein Smith ist von der Unmöglichkeit einer anderen Prozedur derartig überzeugt, daß sie sich nicht scheut, hinzuzufügen: „In der Tat besteht der Verdacht, daß diese beiden Erzählungstypen (die historische Erzählung und das traditionelle Märchen [*twice-told-tale*]) das unbewußte Paradigma des Narratologen bilden, was wiederum dessen Bedürfnis erklärt, die Struktur einer Intrige oder zugrundeliegenden Geschichte auch bei der näheren Untersuchung der zeitlichen Abfolge in jenen sehr andersartigen Erzählungen anzunehmen, welche die Werke der literarischen Fiktion sind." Eine aus der Luft gegriffene Hypothese, die von der Geschichte der Disziplin keineswegs bestätigt wird, denn die Narratologen, die seit Propp über traditionelle Erzählungen

---

1 S. 228.

wie das Volksmärchen gearbeitet haben, haben deren chronologisches Verfahren (noch auch, allgemeiner, ihre narrative
Form) kaum beachtet, und umgekehrt haben die Spezialisten
der formalen Narratologie seit Lubbock und Forster kaum
jemals (es sei denn sehr „unbewußt"!) für diesen Typ von
fiktionaler Erzählung Interesse gezeigt und, wie ich es uns
soeben zum Vorwurf machte, für die historische Erzählung
noch weniger.

Vor allem aber vergißt oder vernachlässigt die Kritik von
Herrnstein Smith (die Narratologen sprechen von Anachronie im Zusammenhang mit ursprünglich fiktionalen Texten,
bei denen der Vergleich zwischen der Ordnung der Erzählung und der der Geschichte per definitionem unmöglich ist)
ein wesentliches Faktum, auf welches ich im *Nouveau Dis-
cours du récit*[1] hingewiesen habe und das Nelson Goodman
hervorhebt, um seinen eigenen Gebrauch des Begriffs (wenn
auch nicht des Terms) Anachronie zu rechtfertigen. Dieses
Faktum besteht darin, daß die meisten Analepsen und Prolepsen, in und außerhalb der ursprünglichen Fiktion, entweder
explizit sind, das heißt vom Text selber als solche durch
verschiedene sprachliche Hinweise gekennzeichnet („Die
Gräfin überlebte nur sehr kurz Fabrice, den sie anbetete und
der nur ein Jahr in seiner Karthause zubrachte"), oder *impli-
zit*, dann aber evident durch unsere Kenntnis „des Kausalprozesses insgesamt" (Kapitel *n:* die Gräfin stirbt vor Kummer;
Kapitel *n* + 1: Fabrice stirbt in seiner Karthause[2]). In beiden

---

1 S. 17.
2 Ich setze diese Beispiele, deren zweites allerdings imaginär ist, an die
Stelle der Goodmanschen. Die *Geschichte der französischen Revolution*
enthält (mindestens) ein weiteres, dessen Lesbarkeit keineswegs auf dem
faktualen und kontrollierbaren Charakter der historischen Erzählung
beruht, nämlich den Bericht vom Tag des 14. Juli 1789. Michelet erzählt
zunächst von einer Versammlung im Hôtel de Ville beim Vorsteher der
Kaufleute. Die Versammlung wird durch eine eindringende Gruppe, die
die Einnahme der Bastille meldet und deren Schlüssel schwingt, unterbrochen. Dann verkettet der Autor: „Die Bastille wurde, man darf es

Fällen, so sagt Goodman, „handelt es sich nicht um die Verzerrung gegenüber einer absoluten, von sämtlichen Versionen unabhängigen Ereignisabfolge, sondern gegenüber dem, was diese Version selbst von der Ereignisabfolge *sagt*".[1] Und wenn der Text ausnahmsweise (bei Robbe-Grillet zum Beispiel) weder direkt (durch sprachlichen Hinweis), noch indirekt (indem er eine Schlußfolgerung nahelegt) die Ereignisabfolge anzeigt, dann bleibt dem Narratologen offenkundig nichts übrig, als ohne weitere Hypothesen den „achronischen" Charakter der Erzählung zur Kenntnis zu nehmen und sich vor ihrer Anordnung zu verneigen.[2] Man kann also nicht die faktuale Erzählung, in der die Ereignisabfolge durch andere Quellen gegeben wäre, der fiktionalen Erzählung, in der sie prinzipiell unerkennbar und bei der die Frage der Anachronie infolgedessen unentscheidbar wäre, entgegenstellen: mit Ausnahme exzeptioneller Verzögerungen werden die Anachronien der fiktionalen Erzählung ganz einfach von der Erzählung selbst deklariert oder suggeriert – ganz wie im übrigen die der faktualen Erzählung. Mit anderen Worten – und um zugleich einen Dissens und eine Übereinstimmung mit Barbara Herrnstein Smith zu bezeichnen –, fiktionale und faktuale Erzählung unterscheiden sich grundlegend weder durch den Gebrauch von Anachronien, noch durch die Weise, sie zu bezeichnen.[3]

---

nicht verschweigen, nicht genommen, sie übergab sich ..." Es folgt in Analepse die Erzählung vom Fall der Festung.

1 S. 799.

2 *Figures III*, Paris, 1972, S. 115. Ich hatte übrigens schon in *Figures I* (Paris, 1966, S. 77) Gelegenheit, gegen Bruce Morrissette die Möglichkeit, die Chronologie der Romane Robbe-Grillets „wiederherzustellen", zu bestreiten.

3 Ich habe ganz allgemein gewisse Mühe, die Tragweite der Kritik abzuschätzen, die Herrnstein Smith an dem übt, was sie den „Dualismus" der Narratologie nennt. Die in ihrer Intention pragmatische Formulierung, die sie dagegenstellt – „sprachliche Akte, die darin bestehen, daß jemand jemand anderem erzählt, daß etwas geschehen ist" (S. 232) – scheint mir mit den Postulaten der Narratologie keineswegs inkompatibel zu sein,

Schnelligkeit

Ich schlage vor, das von Herrnstein Smith anläßlich der
Ordnung aufgestellte Prinzip auch auf das Kapitel der narrativen Geschwindigkeit auszudehnen: Keine Erzählung, ob
fiktional oder nicht, literarisch oder nicht, oral oder schriftlich, hat die Fähigkeit und daher die Verpflichtung, sich eine
zu ihrer Geschichte streng synchrone Geschwindigkeit auf-
zuerlegen. Die Beschleunigungen, Verlangsamungen, Ellip-
sen oder Haltepunkte, die sich in sehr wechselhaftem Maß in
der fiktionalen Erzählung finden, gehören auch der faktualen
an und sind hier wie da durch das Gesetz der Wirkung und
der Ökonomie sowie durch das Gefühl des Erzählers für die
relative Wichtigkeit von Momenten und Episoden bestimmt.
Hier gibt es also noch keine Differenzierung *a priori* zwischen
den beiden Typen. Allerdings rechnet Käte Hamburger zu
Recht die Präsenz von detaillierten Szenen, von *in extenso*
und wörtlich wiedergegebenen Dialogen und von ausführli-
chen Beschreibungen zu den Fiktionalitätsindices.[1] All dies
ist der historischen Erzählung zwar nicht eigentlich unmöglich oder (von wem?) untersagt, doch überschreitet die Präsenz solcher Verfahrensweisen ein wenig die Wahrscheinlichkeit („Woher wissen Sie das?") und vermittelt dadurch (ich
komme darauf zurück) dem Leser einen – berechtigten –
Eindruck von „Fiktionalisierung".

---

sondern von vollkommener Evidenz. Das System des *Discours du récit*
(Geschichte, Erzählung, Narration) ist übrigens keineswegs dualistisch,
sondern trinitär, und ich wüßte nicht, daß meine narratologischen
Kollegen dagegen Einwände gehabt hätten. Wohl ist mir klar, daß
Herrnstein Smith für eine *monistische* Position kämpft, doch finde ich
diese durch die genannte Formel kaum illustriert.

1 Dialogisiert oder nicht, ist die Szene in jedem Fall ein Verlangsamungs-
faktor und die Beschreibung eine narrative Pause, sofern sie nicht an die
perzeptive Aufmerksamkeit einer Person gebunden ist, was nach Hamburger ebenfalls ein Fiktionalitätssymtom darstellt.

Frequenz

Der Einsatz der iterativen Erzählung, welche *stricto sensu* ein Faktum der Frequenz ist, ist in weiterem Sinn ein Mittel zur Beschleunigung der Erzählung: Akzeleration durch identifikatorische Syllepse von als relativ gleichwertig gesetzten Elementen („Jeden Sonntag ...“). Es versteht sich daher von selbst, daß für die faktuale Erzählung keinerlei Grund besteht, dieses Mittel der fiktionalen Erzählung zu überlassen, und eine faktuale Gattung wie die Biographie – inklusive der Autobiographie – macht, wie die Spezialisten betont haben[1], Gebrauch davon. Die, bei der fiktionalen Erzählung sehr variable, Relation zwischen dem Singulativen und dem Iterativen bietet also beim Übergang vom fiktionalen zum faktualen Typ *a priori* kein Differenzierungsmerkmal. Es sei denn, man bewertet, wie es Philippe Lejeune nahelegt, den massiven Rekurs aufs Iterative bei Proust, insbesondere in *Combray*, als ein Zeichen für die Nachahmung von charakteristischen Verfahrensweisen der Autobiographie, als eine Anleihe des fiktionalen Typs beim faktualen – oder vielleicht genauer, *eines* fiktionalen Typs (des pseudo-autobiographischen Romans) bei *einem* faktualen (der authentischen Autobiographie). Doch diese Hypothese führt uns, so plausibel sie ist, zu einem Austausch zwischen den beiden Typen, dessen Erörterung ich noch aufschieben möchte.

Modus

Die meisten für die narrative Fiktion charakteristischen textuellen Merkmale konzentrieren sich, nach Käte Hamburger, ganz natürlich im Kapitel über den Modus, denn all diese „Symptome“ verweisen auf ein und dasselbe spezifische

---

1 Philippe Lejeune, *Le Pacte autobiographique,* S. 114.

Merkmal, nämlich den direkten Zugang zur Subjektivität der Personen. Diese Relation hebt, beiläufig, auch das Paradox einer Poetik auf, die an die aristotelische Tradition wiederanknüpft (Definition der Literatur im wesentlichen durch das thematische Merkmal der Fiktionalität), das jedoch auf dem Umweg über eine offensichtlich formalistische Definition der Fiktion: wohl gehören die Merkmale der fiktionalen Erzählung der morphologischen Ordnung an, doch diese Merkmale sind nur *Wirkungen*, deren Ursache der fiktionale Charakter der Erzählung ist, will sagen der imaginäre Charakter der Personen, die deren „*Ich*-Origo" bilden. Wenn einzig die narrative Fiktion uns einen direkten Zugang zur Subjektivität eines anderen verschafft, dann keineswegs auf Grund eines wundersamen Privilegs, sondern weil dieser andere ein fiktives Wesen ist (oder, wenn es sich um eine historische Person, wie den Napoleon in *Krieg und Frieden* handelt, *als fiktiv behandelt wird*), bei dem der Autor die Gedanken in dem Maß, wie er sie zu berichten vorgibt, *imaginiert:* mit Sicherheit errät man nur, was man *erfindet.* Daher die Präsenz jener „Indices", die, ohne daß dies gerechtfertigt werden müßte („Woher wissen Sie das?"), aus „Dritten" zugeschriebenen Gefühls- oder Gedankenäußerungen bestehen, aus dem inneren Monolog sowie – am charakteristischsten und wirkungsvollsten, denn sie durchdringt äußerstenfalls die Totalität des Diskurses, den sie listig mit dem Bewußtsein der Person verknüpft, überhaupt: der *erlebten Rede* (style indirect libre), durch welche sich unter anderem die Koexistenz von Vergangenheitsformen mit temporalen oder spatialen Deiktika erklärt, etwa in Sätzen wie: „M. schlenderte zum letzten Mal durch den europäischen Hafen, denn *morgen lief* sein Schiff nach Amerika aus."

Wie schon oft bemerkt wurde, hypostasiert diese Beschreibung der fiktionalen Erzählung einen bestimmten Typus: nämlich den Roman des neunzehnten und des zwanzigsten Jahrhunderts, bei dem der systematische Rekurs auf diese

Verfahrensweisen dazu beiträgt, eine Erzählung, aus welcher der Erzähler, und gemäß dem Gelübde eines Flaubert *a forteriori* der Autor, sich gänzlich zu absentieren scheint, auf eine kleine Anzahl von Personen, ja eine einzige, zu fokalisieren. Doch auch wenn man über ihren Präsenzgrad in den nichtfiktionalen, ja sogar den nichtliterarischen Erzählungen endlos diskutieren kann, so sind diese subjektivierenden Maßnahmen doch zweifellos bei der fiktionalen Erzählung natürlicher, und wir dürfen in ihnen, wenn auch mit gewissen Nuancen, die distinktiven Merkmale des Unterschieds zwischen beiden Typen sehen. Ich würde jedoch (im Gegensatz zu Käte Hamburger, die sich darüber ausschweigt) dasselbe von der umgekehrten narrativen Haltung sagen, die ich einstens *externe Fokalisation* getauft hatte und die darin besteht, sich eines *jeden* Übergriffs auf die Subjektivität der Personen zu enthalten, um statt dessen lediglich ihre von außen und ohne Erklärungsbemühung gesehenen Handlungen und Gesten zu berichten. Diese „objektive" Erzählungsgattung scheint mir, von Hemingway bis Robbe-Grillet, ebenso typisch fiktional wie die vorhergehende, und zusammen charakterisieren diese beiden symmetrischen Formen der Fokalisation die Fiktionserzählung als der gewöhnlichen Haltung der faktualen Erzählung entgegengesetzt – welche sich zwar *a priori* einer psychologischen Erklärung nicht zu enthalten braucht, aber eine jede durch Quellenangabe („Wir wissen aus dem *Mémorial de Sainte-Hélène,* daß Napoleon glaubte, Kutusow sei …") rechtfertigen oder abschwächen und sie, genauer, durch ein vorsichtiges Eingeständnis der Unsicherheit und der Vermutung („Napoleon glaubte *gewiß,* daß Kutusow …") dort *modalisieren* muß, wo sich der seine Figur fiktionalisierende Romancier ein peremptorisches „Napoleon glaubte, daß Kutusow …" gestatten darf.

Ich vergesse nicht, daß diese beiden Fokalisationstypen für relativ junge Formen der fiktionalen Erzählung charakteristisch sind, und daß die klassischen – epischen oder romanhaften – Formen eher einem nicht fokalisierten Modus oder einem Modus mit „Nullfokalisierung" angehören, in dem die Erzählung keinen „Blickpunkt" zu privilegieren scheint und sich nach Belieben in das Denken all ihrer Personen einfühlt. Aber eine solche, allgemein als „allwissend" qualifizierte Haltung weist die Wahrheitsverpflichtung der faktualen Erzählung nicht weniger zurück als die beiden anderen: nur zu berichten, was man an Relevantem wirklich weiß, das aber vollständig, und woher man es weiß. Dies sogar, nach aller Logik, noch entschiedener, denn die Gedanken von allen zu kennen, ist unwahrscheinlicher als nur die von einem (aber es genügt, alles zu erfinden). Halten wir also fest, daß der Modus prinzipiell (ich sage: prinzipiell) ein Zeichen für den faktualen oder fiktionalen Charakter einer Erzählung und mithin ein Ort der narratologischen Divergenz zwischen den beiden Typen ist.

Für Käte Hamburger, die den Roman in der ersten Person aus dem Feld der Fiktion verbannt, kann diese Divergenz wohlgemerkt nur zwischen zwei Typen von impersonaler Erzählung auftreten. Dorrit Cohn hat jedoch gezeigt[1], wie der Roman in erster Person nach Belieben das „Erzähler-*Ich*" oder das „Helden-*Ich*" akzentuieren konnte (in der *Recherche du Temps perdu* ist die Fluktuation manifest), und Philippe Lejeune, der von Buch zu Buch seine anfängliche Diagnose der Ununterscheidbarkeit nuanciert, sieht heute in dieser Alternative ein zumindest tendenzielles Indiz („es handelt sich nur um eine Dominante") für den Unterschied zwischen der authentischen Autobiographie, die die „Stimme des Erzählers" stärker betont (zum Beispiel: „Ich wurde ganz am Ende des neunzehnten Jahrhunderts als letzter von acht Knaben geboren ...") , und der pseudo-autobiographischen Fiktion, die zur „Fokalisierung auf die Erfahrung einer Person" neigt (zum Beispiel: „Der Himmel hatte sich mindestens

---

1 *La Transparence intérieure*, Paris, 1981.

um zehn Meter entfernt. Ich blieb sitzen, ohne Eile ...").[1] Die interne Fokalisierung, jenes typische Fiktionalitätskriterium, wird damit durchaus legitim auch auf die persönliche Erzählung ausgedehnt.

Stimme

Die Charakteristika der narrativen Stimme beschränken sich im wesentlichen auf Unterscheidungen zeitlicher Art, solche der „Person" und des Niveaus. Ich glaube nicht, daß die temporale Situation des narrativen Aktes in der Fiktion *a priori* anders ist als sonst: die faktuale Erzählung kennt ebenso die rückwärtsgewandte Narration (hier auch die häufigste), wie die vorwärtsgewandte (prophetische oder vorausschauende Erzählung) und die simultane (die Reportage), aber auch, im Tagebuch beispielsweise, die eingeschobene. Auch die Unterscheidung nach der „Person", die Opposition von heterodiegetischer und homodiegetischer Erzählung also, findet sich ebenso in der faktualen (Geschichtsschreibung/Memoiren) wie in der fiktionalen Erzählung. Am relevantesten ist hier sicher die Unterscheidung des Niveaus, denn die Bemühung um Wahrscheinlichkeit oder Einfachheit verbietet der faktualen Erzählung im allgemeinen einen allzu massiven Gebrauch der Narration zweiten Grades: ein Historiker oder Memoirenverfasser, der es einer seiner „Personen" überließe, einen wichtigen Teil der Erzählung vorzutragen, ist schwer vorstellbar, und seit Thukydides weiß man, welches Problem die einfache Wiedergabe einer etwas längeren Rede für den Historiker darstellt. Die Präsenz der metadiegetischen Erzählung ist also ein ziemlich plausibles Fiktionalitätsindiz – auch wenn ihre Absenz nichts heißen will.

Es ist nicht ausgeschlossen, daß ich das eigentlich narrato-

---

1 „Le pacte autobiographique (bis)" (1981), in *Moi aussi*, Paris, 1986.

logische Gebiet verlasse, wenn ich im Zusammenhang mit den Fragen der Stimme („Wer spricht?") auf das stets dornenvolle Thema der Beziehungen zwischen Erzähler und Autor zu sprechen komme. Philippe Lejeune hat gezeigt, daß die kanonische Autobiographie durch die Identität *Autor = Erzähler = Person* gekennzeichnet ist, während dem Sonderfall der Autobiographie „in der dritten Person" die Formel *Autor = Person ≠ Erzähler* vorbehalten bleibt.[1]

Es ist recht verlockend, die Möglichkeiten, die diese Dreiecksbeziehung eröffnet, weiter zu erkunden. Die Dissoziation von Person und Erzähler (N ≠ P) definiert offenkundig (und sogar tautologisch) in und außerhalb der Fiktion das (narrative) heterodiegetische Verfahren, so wie ihre Identität (N = P) das homodiegetische. Die Dissoziation von *Autor* und *Person* (A ≠ P) definiert das (thematische) Verfahren der Allobiographie, der fiktionalen (heterodiegetisch wie in *Tom Jones* oder homodiegetisch wie in *Gil Blas*) wie der faktualen (im allgemeinen heterodiegetisch, wie in der Geschichtsschreibung oder der Biographie, denn das homodiegetische Verfahren würde hier bedeuten, daß der Autor die Erzählung seiner „Person", so wie Yourcenar dem Hadrian zuschreibt, was unweigerlich – ich werde darauf zurückkommen – zu einem Fiktionseffekt führt), so wie ihre Identität (A = P) das der (homodiegetischen oder heterodiegetischen) Autobiographie definiert. Bleibt noch die Beziehung zwischen *Autor* und *Erzähler*. Mir scheint, daß ihre strenge Identität (A = N), soweit man sie feststellen kann, die faktuale Erzählung definiert – diejenige, in der, in Searles Worten, der Autor die volle Verantwortung für die Behauptungen seiner Erzählung übernimmt und infolgedessen keinem Erzähler irgendeine Autonomie zubilligt. Umgekehrt definiert ihre Dissoziation (A ≠ N) die Fiktion, also den Erzählungstypus, bei dem der

---

1 *Le Pacte autobiographique,* und *Je est un autre,* Paris, 1980. Für die hier vorgeschlagene Form bin ich allein verantwortlich.

Autor nicht ernsthaft auf der Wahrhaftigkeit besteht[1], und auch hier scheint mir die Relation tautologisch: wie Searle zu sagen, daß der Autor (Balzac zum Beispiel) für die Assertionen seiner Erzählung (beispielsweise die Existenz Eugène Rastignacs) nicht ernsthaft die Verantwortung übernimmt, oder zu sagen, daß wir sie auf eine implizite, von ihm verschiedene Funktion oder Instanz (den Erzähler des *Père Goriot*) zurückführen müssen, heißt dasselbe auf zwei verschiedene Weisen sagen – zwischen welchen wir einzig gemäß dem Prinzip der Ökonomie und den Erfordernissen des Augenblicks eine Wahl treffen.

Aus dieser Formel folgt, daß die „Autobiographie in der dritten Person" eher der Fiktion als der faktualen Erzählung anzunähern wäre, vor allem wenn man mit Barbara Herrnstein Smith annimmt, daß die Fiktionalität sich ebenso (oder noch mehr) durch die Fiktivität des Erzählens wie durch die der Geschichte definiert.[2] Allerdings treten hier die methodologischen Unzulänglichkeiten des Begriffs „Person" zutage, welcher dazu führt, daß aufgrund eines eng grammatischen

---

1 Aber nur, wenn sich die Erzählung als wahrhaftige Beschreibung eines faktischen Zustands darstellt. Eine Erzählung, die bei jedem Satz ihre Fiktionalität durch Wendungen wie „Stellen wir uns einmal vor ...", oder durch den Gebrauch des Konditionals, wie Kinder beim Kaufladenspielen, oder durch irgendein anderes Verfahren, das vielleicht in manchen Sprachen existiert, anzeigen würde, wäre eine völlig „ernsthafte" Aussageform und würde unter die Formel A = N fallen. Manche mittelalterlichen Romane zeigen ein sehr zweideutiges „Die Sage geht ...", das sowohl als Andeutung eines hypertextuellen Alibis („Ich gebe eine Erzählung wieder, die ich nicht erfunden habe"), als auch als scherzhaftscheinheilige Verleugnung lesbar ist: „Das sage nicht ich, sondern meine Erzählung" – so wie man heute sagt: „Das bin nicht ich, das ist mein Kopf."
2 „Die essentielle Fiktivität von Romanen ist nicht in der Irrealität der erwähnten Personen, Objekte und Ereignisse zu suchen, sondern in der Irrealität der Erwähnung selber. Der Akt des Berichtens von Ereignissen, der Akt des Beschreibens von Personen und des Referierens auf Orte ist es also, mit anderen Worten, der bei einem Roman oder einer Erzählung fiktiv ist" (*On the Margins of Discourse*, The University of Chicago Press, 1978, S. 29).

Kriteriums die *Autobiographie von Alice Toklas* und Cäsars *Kommentare* oder *Henry Adams' Erziehung* derselben Klasse zugerechnet werden. Der Erzähler von *De bello gallico* ist eine derartig durchsichtige und leere Funktion, daß es sicher richtiger wäre, anzunehmen, daß diese Erzählung von Cäsar übernommen wird, der konventionell (figürlich) von sich selbst in der dritten Person spricht – daß es sich also um eine homodiegetische und faktuale Erzählung vom Typ A = N = P handelt. In *Toklas* dagegen ist die Erzählerin ebenso manifest verschieden von der Autorin wie in *Hadrian*, denn sie hat einen Eigennamen und ist eine Person, deren historische Existenz beglaubigt ist. Und da das Leben von Gertrude Stein mit dem ihren in ihrer Erzählung unvermeidlich vermischt ist, ließe sich ebensogut sagen, daß der Titel (fiktional) wahrheitsgemäß ist, und daß es sich nicht um eine Biographie von Gertrude Stein, die diese fiktiv Alice Toklas übertragen hat, handelt, sondern viel einfacher (!) um eine von Gertrude Stein geschriebene Autobiographie von Alice Toklas[1]: womit dieser narratologische Fall im wesentlichen auf den der *Memoiren Hadrians* zurückgeführt ist. Man müßte einen reinen Fall heterodiegetischer Autobiographie finden, in dem ein Autor die Biographie seines Lebens jemandem zuschreiben würde, der kein Zeuge wäre und, sicherheitshalber, ein paar Jahrhunderts später lebte. Mir scheint, daß der bei teratologischen Hypothesen stets hilfreiche Borges in diesem Geist einen ihn betreffenden Artikel einer angeblichen künftigen Enzyklopädie verfaßt hat.[2] Einzig schon durch das Faktum einer deutlichen Trennung zwischen Autor und (wenn auch anonymem) Erzähler gehört ein sol-

---

1 Cf. Lejeune, *Je est un autre*, S. 53 ff.
2 „Epilogo", *Obras completas*, Buenos Aires, 1974, S. 1143. Das Verfahren, das damit sicher nicht zum ersten Mal praktiziert wurde, ist kürzlich erneut angewendet worden: Jérome Garcin, *Le Dictionnaire, Littérature française contemporaine*, Paris, 1989 (Sammlung von präventiven Autonekrologen).

cher Text, selbst wenn er keine faktualen Irrtümer oder Erfindungen enthält, eindeutig der fiktionalen Erzählung an.

Zur Verdeutlichung möchte ich diesen Fächer von Möglichkeiten durch eine Reihe triangulärer Schemata darstellen. Sicher liegt es an den Axiomen „Wenn A = B und B = C, dann gilt A = C" und „Wenn A = B und A ≠ C, dann gilt B ≠ C", daß ich lediglich fünf logisch kohärente Figuren finde:

$$
\begin{array}{c}
A \\
\diagup\!\diagup \quad \diagdown\!\diagdown \\
N = P
\end{array}
\longrightarrow \text{Autobiographie}
$$

$$
\begin{array}{c}
A \\
\diagup\!\diagup \quad \diagup\!\!\!\!\times \\
N \ne P
\end{array}
\longrightarrow \text{Historische Erzählung (u. a. Biographie)}
$$

$$
\begin{array}{c}
A \\
\times \quad \times \\
N = P
\end{array}
\longrightarrow \text{Homodiegetische Fiktion}
$$

$$
\begin{array}{c}
A \\
\times \quad \diagdown\!\diagdown \\
N \ne P
\end{array}
\longrightarrow \text{Heterodiegetische Autobiographie}
$$

$$
\begin{array}{c}
A \\
\times \quad \times \\
N \ne P
\end{array}
\longrightarrow \text{Heterodiegetische Fiktion}
$$

Das (relative) Interesse dieser Batterie von Schemata beruht für uns auf der Doppelformel A = N → *faktuale Erzählung*, A ≠ N → *fiktionale Erzählung*[1], und das unabhängig vom

---

1 „In einem Roman ist der Autor vom Erzähler verschieden ... Warum ist der Autor nicht der Erzähler? Weil der Autor erfindet und der Erzähler erzählt, was geschehen ist ... Der Autor *erfindet* den Erzähler und den Stil der Erzählung, welcher der des Erzählers ist" (Sartre, *L'Idiot de la famille*, Paris, 1988, III, S. 773–774). Die Vorstellung einer (für mich rein funktionalen) Dissoziation von Autor und Erzähler hätte wohlgemerkt

(wahren oder unwahren) Inhalt der Erzählung, oder, wenn man will, vom fiktiven oder nichtfiktiven Charakter der Geschichte. So untersagt, wenn $A \neq N$, der mögliche Wahrheitsgehalt der Erzählung die Diagnose der Fiktionalität weder für $N = P$ (*Memoiren Hadrians*), noch für $N \neq P$: cf. das Leben Napoleons, erzählt von Goguelat, einer (fiktiven) Person aus dem *Médecin de campagne*. Ich gebe zu, daß ich dieses Beispiel dem speziellen Vorrat der metadiegetischen Erzählung entnehme, aber das ändert nichts an der Tatsache, und wenn man es nicht gelten lassen will, so genügt es (!), sich Balzac (oder Ihren Diener oder irgendeinen anonymen Fälscher) vorzustellen, der Chateaubriand (oder irgendeinem anderen angenommenen Biographien) eine völlig wahrheitsgetreue Biographie von Ludwig XIV. (oder irgendeiner anderen historischen Person) unterschiebt: getreu meinem von Herrnstein Smith übernommenen Prinzip nehme ich an, daß eine solche Erzählung fiktional wäre.

Der andere Teil der Formel ($A = N \rightarrow$ *faktuale Erzählung*) kann zweifelhafter erscheinen, denn nichts hindert einen Erzähler, der durch einen onomastischen (Chariton von Aphrodisias in *Chaireas und Kallirhoe*, Dante in der *Göttlichen Komödie*, Borges im *Aleph*) oder biographischen (der Erzähler von *Tom Jones* evoziert seine verstorbene Charlotte und seinen Freund Hogarth, der von *Facino Cane* sein Heim in der Rue de Lesdiguières) Kunstgriff rechtmäßig und absichtlich mit dem Autor identifiziert wird, eine manifest fiktionale Geschichte zu erzählen, sei es heterodiegetisch (Chariton, Fielding) oder homodiegetisch: wie bei allen anderen erwähnten Beispielen, in denen der Autor-Erzähler eine Person der Geschichte, einfacher Zeuge oder Vertrauter (Bal-

---

nicht das Einverständnis Käte Hamburgers, für welche die *Ich-Origo* der Person notwendig jede Erzählerpräsenz verdrängt. Diese Inkompatibilitätsbeziehung scheint mir von einer starr monologischen Aussagekonzeption herzurühren, welche jedoch durch die *dual voice* der erlebten Rede glänzend widerlegt wird.

zac) oder Protagonist (Dante, Borges) ist. Die erstgenannte
Variante scheint der Formel

$$\begin{matrix} & A \\ /\!/ & \times \\ N & \ne P \end{matrix} \quad \longrightarrow \quad \text{Historische Erzählung}$$

zu widersprechen, weil ein mit dem Autor identifizierter
Erzähler darin eine heterodiegetisch-fiktionale Erzählung
produziert, und die zweite scheint der Formel

$$\begin{matrix} & A \\ /\!/ & \searrow \\ N & = P \end{matrix} \quad \longrightarrow \quad \text{Autobiographie}$$

zu widersprechen, weil ein mit dem Autor identifizierter Erzähler eine homodiegetisch-fiktionale Erzählung – allgemein
seit einigen Jahren „Autofiktion" getauft – produziert. In
beiden Fällen scheint ein Widerspruch zwischen dem fiktiven
Charakter der Geschichte und der Formel $A = N \rightarrow$ *faktuale
Erzählung* zu bestehen. Darauf antworte ich, daß die Formel
sich auf diese Situation, trotz der onomastischen oder biographischen Identität von Autor und Erzähler, nicht bezieht.
Denn was die narrative Identität definiert, ist, ich erinnere
daran, nicht die numerische Identität im Sinne des Personen-
stands, sondern die ernsthafte Beglaubigung einer Erzählung
durch den Autor, der für ihren Wahrheitsgehalt bürgt. In
diesem, sagen wir searleschen Sinne ist es klar, daß Chariton
oder Fielding so wenig für die historische Wahrheit ihrer
Erzählung bürgen, wie der Balzac des *Père Goriot* oder der
Kafka der *Verwandlung,* und daß sie sich also mit dem
homonymen Erzähler, der als Erzählungsproduzent gilt, so
wenig identifizieren, wie ich, ehrsamer Bürger, braver Fami-
lienvater und Freidenker mit der Stimme, die durch meinen
Mund eine ironische oder scherzhafte Aussage etwa der Art:
„Und ich bin der Papst!" äußert. Wie Oswald Ducrot gezeigt

hat[1], ist die der fiktionalen Erzählung eigene funktionale Dissoziation zwischen Autor und Erzähler (seien sie auch juristisch identisch) ein Sonderfall der für alle „nicht ernsthaften" oder, um den umstrittenen Term von Austin aufzugreifen, „parasitären" Aussagen charakteristischen „polyphonischen" Äußerung. Der Autor Borges, argentinischer Staatsbürger und Nobelpreisträger, der *Aleph* zeichnet, ist mit Borges dem Erzähler und Helden von *Der Aleph*[2], selbst wenn sie einige (nicht alle) biographische Züge gemeinsam haben, nicht funktional identisch, so wie Fielding als Autor von *Tom Jones* funktional (als Träger der Aussage) nicht Fielding der Erzähler ist, selbst wenn sie mit demselben Hogarth befreundet sind und dieselbe Charlotte als Erblasserin haben. Die Formel dieser Erzählungen ist also im zweiten Fall in Wirklichkeit:

$$A$$
$$\times \quad \times$$
$$N \neq P$$

eine *heterodiegetische Fiktion,* und im ersten:

$$A$$
$$\times \quad \times$$
$$N = P$$

eine *homodiegetische Fiktion.* Ich gestehe, daß diese Reduk-

---

1 „Esquisse d'une théorie polyphonique de l'énonciation", *Le Dire et le Dit,* Paris, 1984, Kap. VIII.

2 Oder von *Der Andere* oder von *Zahir;* zu diesen Borgesschen Autofiktionseffekten, cf. Jean-Pierre Mourey, „Borges chez Borges", *Poétique* 63, September 1985; diesen Erzählungen, deren Protagonist der Erzähler namens „Borges" ist, ist noch (mindestens) *Die Form des Schwerts,* wo „Borges" der Vertraute des Helden ist, und *Der Mann an der rosa Mauerecke* zuzurechnen, wo er sich letztlich als der Hörer erweist, für den eine orale Narration bestimmt ist. Zur Autofiktion allgemein cf. Vincent Colonna, *L'Autofiction. Essai sur la fictionalisation de soi en littérature,* thèse EHESS, 1989.

tion aufs gemeine Recht den paradoxen Status, oder besser gesagt den der Autofiktion eigenen bewußt widerspruchsvollen Pakt („Ich, der Autor, erzähle Ihnen eine Geschichte, deren Held ich bin, doch die mir niemals passiert ist") nur unzureichend wiedergibt. Sicher wäre es in diesem Fall möglich, die autobiographische Formel A = N = P mit einer Prothese zu versehen, durch welche sich P in eine authentische Person und ein fiktionales Schicksal dissoziieren würde, aber ich gestehe, daß ich diese Art von Chirurgie, die unterstellt, man könne das Schicksal austauschen ohne die Person[1], nicht mag und erst recht keinen Wert auf eine Formel lege, die beim Autor eine offenkundig fehlende ernsthafte Verantwortlichkeit annimmt[2], so als ob Dante geglaubt hätte, das Jenseits betreten, oder Borges, den Aleph getroffen zu haben. Weit eher würde ich hier eine logisch widersprüchliche Formel bevorzugen:

$$A$$
$$\diagdown\!\!\!\!\diagdown \quad \diagdown$$
$$N = P$$

Widersprüchlich ist diese Formel sicher[3], aber nicht mehr und nicht weniger als der Term, den sie illustriert (Autofiktion), und die These auf die sie sich bezieht: „Ich bin es und ich bin es nicht."

---

1 Die *Identität*, weil das (Pro)Nomen als rigider Designator fungiert: „Wenn ich Rothschilds Sohn gewesen wäre ..."
2 Ich spreche hier von *wahren* Autofiktionen – deren narrativer Gehalt, wenn ich so sagen darf, authentisch fiktional ist, wie (wie ich annehme) bei der *Göttlichen Komödie* –, und nicht von falschen Autofiktionen, die als „Fiktionen" nur deklariert sind: anders gesagt, von uneingestandenen Autobiographien. Bei diesen ist der Paratext zwar eindeutig autofiktional – doch nur Geduld! Die Eigenart des Paratexts ist die Entwicklung und die Literaturgeschichte ist auf der Hut.
3 Die beiden anderen kontradiktorischen Formeln,
$$A \qquad\qquad A$$
$$\diagup\!\!\!\!\diagup \;\diagdown\!\!\!\!\diagdown \quad \text{und} \quad \diagup\!\!\!\!\diagup \;\diagdown$$
$$N = P \qquad\quad N \neq P$$
scheinen mir real unmöglich, weil man (A = N) nicht *ernsthaft* als inkohärente Verbindung vorschlagen kann.

Zu den sich aus diesem Sachverhalt ergebenden Lehren gehört es, daß das Gleichheitszeichen =, das hier in offenkundig metaphorischer Weise gebraucht wird, nicht an allen Seiten des Dreiecks genau denselben Wert hat: zwischen A und P konstatiert es eine juristische Identität im zivilrechtlichen Sinn, die beispielsweise den Autor für die Taten seines Helden verantwortlich macht (Jean-Jacques verläßt die Kinder Rousseaus); zwischen N und P bezeichnet es, markiert durch den Gebrauch der ersten Person Singular (*ich*), eine sprachliche Identität zwischen dem Subjekt des Aussagens und dem der Aussage, unbeschadet konventionsbedingter Enallage (*wir* als Majestäts- oder Bescheidenheitsform, *du* als Selbstanrede wie in Apollinaires *Zone*); zwischen A und N symbolisiert es die ernsthafte Verantwortlichkeit des Autors hinsichtlich seiner narrativen Assertionen[1], wodurch zugleich die Eliminierung von N, das sich als überflüssige Instanz erweist, dringend nahegelegt wird: wenn A = N, *exit* N, denn es ist ganz einfach der Autor, der erzählt; welchen Sinn hätte es, vom „Erzähler" der *Confessions* oder der *Geschichte der französischen Revolution* zu sprechen? Im Hinblick auf die Klassifizierung der Zeichen allgemein ließen sich diese drei Relationen folgendermaßen qualifizieren: semantisch (A–P), syntaktisch (N–P) und pragmatisch (A–N). Nur die letztere betrifft den Unterschied zwischen faktualen und fiktionalen Erzählungen; aber ich würde nicht sagen, daß damit ein Indiz für Fiktion oder Nicht-Fiktion vorliegt, denn

---

1 Dieses Engagement garantiert offensichtlich nicht die Wahrhaftigkeit des Texts, denn der Erzähler-Autor einer faktualen Erzählung kann sich zumindest irren, wobei er seine ernsthafte Haltung im allgemeinen nicht aufgibt. Er kann auch lügen, und dieser Fall stellt die Haltbarkeit unserer Formel ein wenig auf die Probe. Sagen wir provisorisch, daß die Relation hier als A = N *gilt*, oder daß sie A = N ist für den gutgläubigen Leser und A ≠ N für den unehrlichen Autor (und für den gewitzten Leser, denn die Lüge ist nicht immer *felicitious*), und überlassen wir dieses Problem einer Pragmatik der Lüge, die wir freilich meines Wissens noch immer entbehren.

die Relation A–N ist nicht immer so manifest wie die grammatikalisch evidente Relation N–P oder die onomastisch evidente Relation A–P.[1] Keineswegs stets ein deutliches Signal („Ich, Chariton …"), wird sie meist aus der Gesamtheit der (anderen) Merkmale der Erzählung erschließbar. Zweifellos ist sie die am schwersten faßbare (daher der Streit unter den Narratologen) und manchmal, wie die Beziehung zwischen Wahrheit und Fiktion, auch die zweideutigste: wer würde es wagen, über den Status von *Aurélia* oder *Nadja* zu befinden?

Entlehnung und Austausch

Ich habe bis jetzt meine Überlegungen so formuliert, als ob einerseits alle distinktiven Merkmale von Fiktionalität und Faktualität der narratologischen Ordnung angehörten, und als ob andererseits diese beiden Felder durch eine undurchlässige Grenze, die jeden Austausch und jede gegenseitige Imitation verhindert, voneinander getrennt wären. Abschließend wären diese beiden methodischen Hypothesen zu relativieren.

Die Fiktions-„Indices" gehören nicht alle der narratologischen Ordnung an, und zwar zunächst, weil sie nicht alle textueller Art sind: zumeist, und vielleicht immer öfter, erweist sich ein fiktionaler Text als solcher durch *paratextuelle* Kennzeichen, die den Leser vor jedem Mißverständnis bewahren und von denen die generische Indikation *Roman* auf der Titelseite oder dem Umschlag ein Beispiel unter vielen ist. Überdies gehören manche der textuellen Indices beispiels-

---

1 Diese beiden Evidenzen sind selbst beide nicht immer garantiert: die Enallage der Person ist, wie jede Redefigur, eine Sache der Interpretation, und der Name des Helden kann verschwiegen werden (zahllose Fälle) oder zweifelhaft sein („Marcel" in der *Recherche*).

weise der thematischen (eine unwahrscheinliche Aussage
wie: „Die Eiche sagte eines Tages zum Schilfrohr ..." kann
nur fiktional sein) oder der stilistischen Ordnung an: die
erlebte Rede, die ich zu den narrativen Merkmalen zähle,
wird oft als stilistisches Faktum angesehen. Manchmal haben Personennamen, wie beim klassischen Theater, die
Wertigkeit romanhafter Zeichen. Gewisse traditionelle Einleitungen („Es war einmal", „Once upon a time" oder die
von Jakobson zitierte Formel der Erzähler von Mallorca:
„Aixo era y non era"[1]) funktionieren als generische Kennzeichen, und ich bin nicht sicher, ob die „etisch"[2] genannten Eröffnungen des modernen Romans („Als Aurélien Bérénice zum ersten Mal sah, fand er sie direkt häßlich") nicht
ebenso, vielleicht sogar noch wirksamere Signale darstellen:
in ihrem Rekurs auf die angenommene Existenz der Personen, durch die Zurschaustellung einer Vertrautheit mit ihnen und also ihrer „Transparenz" sind sie sicherlich eman-
zipierter[3] als die „emischen" Einleitungen der Märchen
oder des klassischen Romans. Doch zweifellos sind

---

1 *Essais de linguistique générale*, S. 239.
2 Siehe *Nouveau Discours du récit*, s. 46–48.
3 Das ist schon die Ansicht Strawsons („De l'acte de référence" (1950) in
Études de logique et de linguistique, S. 22–23), der der „*non sophistica-
ted*" Fiktionalität des Volksmärchens die entwickeltere des modernen
Romans entgegenstellt, der die Existenz seiner Objekte nicht mehr *setzt*,
sondern sich damit begnügt, sie vorauszusetzen – was zugleich diskreter
und wirksamer ist, denn was vorausgesetzt ist, ist der Diskussion
entzogen und nicht verhandelbar. Monroe Beardsley (*Aesthetics*, S. 414)
illustriert diese Opposition durch zwei imaginäre *Incipits*: das naive
„Once upon a time the US had a Prime Minister who was very fat" und
das raffinierte „the Prime Minister of the US said good morning to his
secretaries, etc." Die Existenzvoraussetzung ist auch in jenem Beispiel,
dem die Vorliebe der analytischen Philosophen gilt, ablesbar: „Sherlock
Holmes wohnte in der Baker Street 221 B", dessen Regression auf den
naiven Typ über eine Umschreibung à la Russell vonstatten ginge: „Es
war einmal ein Mann, der hieß als einziger Sherlock Holmes ..." Man
kann sagen, daß der naive (emische) Typ seine Objekte setzt, und daß sie
der etische durch Prädikate auferlegt: wer Baker Street 221 B wohnt, der
muß auch existieren.

wir hier nicht sehr weit entfernt vom narratologischen Index der internen Fokalisation.

Der wichtigste Vorbehalt bezieht sich auf die Interaktion der fiktionalen und faktualen Grundformen der Erzählung. Käte Hamburger hat überzeugend den „fingierten" Charakter des Romans in der ersten Person dargelegt, welcher weitgehend durch Übernahme oder Nachahmung narrativer Züge der authentischen autobiographischen Erzählung in retrospektiver (Memoiren) oder eingeschobener (Tagebuch, Korrespondenz) Narration verfährt. Sicherlich reicht diese Beobachtung nicht, wie Käte Hamburger will, hin, um diesen Romantyp aus dem Bereich der Fiktion auszuschließen, denn eine solche Ausschließung müßte sich dann auch entsprechend auf alle Formen von *„formaler Mimesis"* erstrecken.[1] Die heterodiegetisch fiktionale Erzählung ist jedoch in weitem Maße eine *Mimesis* faktualer Formen wie der Geschichtsschreibung, der Chronik, der Reportage – eine Simulation, in welcher die Fiktionalitätsmerkmale nur anheimgestellte Freiheiten sind, derer sie sich sehr wohl entschlagen kann, so wie dies auf sehr spektakuläre Weise Wolfgang Hildesheimers *Marbot* tut[2], die fiktive Biographie eines imaginären Schriftstellers, die sich vorgeblich alle Zwänge der „wahrheitsgetreuesten" Historiographie auferlegt (und sich auch alle ihre Listen gestattet). Und umgekehrt haben sich die von Käte Hamburger aufgezählten „Fiktionalisierungsverfahren" seit einigen Jahrzehnten auf bestimmte Formen von faktualen Erzählungen wie die Reportage oder die journalistische Enquête (das, was man in den Vereinigten Staaten den *„New Journalism"* nennt) und andere abgeleitete Gattungen, wie die *„Non-Fiction-Novel"* ausgedehnt.

---

1 Ich übernehme diesen Term von Michal Glowinski, „Sur le roman à la première personne" (1977), *Poétique* 72, November 1987. Doch Glowinski reserviert wie Hamburger diesen Begriff dem homodiegetischen Fall.

2 *Marbot. Eine Biographie*, Frankfurt, 1981.

Hier zum Beispiel der Beginn eines am 4. 4. 1988 anläßlich der Versteigerung der *Iris* von Van Gogh im *New Yorker* erschienenen Artikels:

> John Whitney Payson, der Eigentümer der *Iris* von van Gogh, hatte das Bild seit einiger Zeit nicht mehr gesehen. Er war nicht auf den Eindruck gefaßt, den es auf ihn machen sollte, als er es im letzten Herbst in den New Yorker Räumen von Sotheby's einige Augenblicke vor der anläßlich seiner Versteigerung anberaumten Pressekonferenz wieder vor sich hatte. Payson, ein herzlicher und lebensfroher Mann von an die fünfzig, rothaarig und gepflegten Bartes ...

Ich halte es für überflüssig, hervorzuheben, wie diese Zeilen die Hamburgerschen Fiktionalitätsindices illustrieren.

Dieser wechselseitige Austausch führt uns also zu einer erheblichen Abschwächung der Hypothese einer beim narrativen Verfahren *a priori* geltenden Differenz zwischen Fiktion und Nicht-Fiktion. Hält man sich an reine, von jeder Kontamination freie Formen, wie sie allerdings nur im Reagenzglas des Poetikers existieren, dann scheinen die deutlichsten Unterschiede sich im wesentlichen auf jene Modalitäten zu beziehen, die am engsten an die Opposition zwischen dem relativen, indirekten und partiellen Wissen des Historikers und der elastischen Allwissenheit gebunden sind, deren sich per definitionem der erfreut, der erfindet, was er erzählt. Im Hinblick auf die reale Praxis ist einzuräumen, daß weder eine reine Fiktion noch eine Geschichtsschreibung von solcher Strenge existiert, daß sie sich jeder „Intrige" und jedes romanhaften Verfahrens enthielte; daß beide Fälle also weder so weit auseinander liegen, noch auch ihrerseits jeweils so homogen sind, wie man von weitem vermuten könnte; und daß es sehr wohl (wie Käte Hamburger zeigt) beispielsweise zwischen einem Märchen und einem Tagebuch-Roman tiefere narratologische Differenzen geben kann als zwischen diesem und einem authentischen Tagebuch, oder (was Käte

Hamburger bestreitet) zwischen einem klassischen und einem modernen Roman als zwischen diesem und einer halbwegs schmissigen Reportage. Oder anders gesagt: daß Searle prinzipiell (gegen Käte Hamburger) mit der Annahme im Recht ist, daß jede Fiktion, nicht nur der Roman in der ersten Person[1], eine nicht-ernsthafte Simulation nicht-fiktionaler Assertionen ist, oder, wie Käte Hamburger sagt, von Wirklichkeitsaussagen; und daß Käte Hamburger (gegen Searle) faktisch im Recht ist, wenn sie in der (vor allem modernen) Fiktion (fakultative) Fiktionalitätsindices findet[2] – aber Unrecht hat, wenn sie glaubt oder glauben macht, diese seien obligatorisch, konstant und so exklusiv, daß die Nicht-Fiktion sie nicht übernehmen könnte. Sie würde dem zweifellos entgegnen, daß sich die Nicht-Fiktion durch die Übernahme dieser Indices fiktionalisiere, und die Fiktion sich durch den Verzicht auf sie defiktionalisiere. Doch eben um die Markierung dieser Möglichkeit, sei sie legitim oder nicht, geht es mir, und es ist damit bewiesen, daß die Gattungen sehr wohl die Normen wechseln können – Normen, welche ihnen schließlich (man gestatte mir eine derart anthropomorphe Ausdrucksweise) niemand auferlegt hat als sie selbst, sowie der Respekt vor einer Wahrscheinlichkeit oder einer „Legitimität", welche eminent variabel und typisch historisch ist.[3]

---

1 Searle meint jedoch, ich erinnere daran, daß der Roman in der ersten Person einen größeren Gehalt an Fingiertheit hat, weil der Autor „nicht einfach vorgibt, Feststellungen zu treffen, sondern ... vorgibt, jemand anders zu sein, der seinerseits Feststellungen trifft" (S. 91).

2 Sehr charakteristische Fiktionalitätssymptome scheint mir etwa das von Searle Iris Murdoch entlehnte Beispiel zu zeigen: „Zehn weitere herrliche Tage ohne Pferde! So dachte Leutnant Andrew Chase-White, dem man erst kürzlich ein Offizierspatent in dem berühmten Edward's-Horse-Regiment verliehen hatte, als er sich an einem sonnigen Sonntagnachmittag im April 1916 zufrieden in einem Garten am Rande Dublins aalte." Selbst Käte Hamburger hätte kaum ein besseres gefunden.

3 In „Fictional versus Historical Lives: Borderlines and Borderline Cases" (*Journal for Narrative Technique,* Frühling 1989) behandelt Dorrit Cohn, einer Position getreu, die sie selbst „separatistisch" nennt, einige dieser Grenzfälle, um ihre Wichtigkeit folgendermaßen abzuwerten:

Diese zwar salomonische, jedoch ganz provisorische Kon-
klusion entwertet indessen keineswegs unsere Problemstel-
lung: die Antwort laute, wie sie wolle, die Frage hat es
verdient, gestellt zu werden. Noch weniger braucht die empirische Forschung sich von ihr entmutigt zu fühlen, denn
selbst wenn – oder gerade wenn – die narratologischen Formen die Grenze zwischen Fiktion und Nicht-Fiktion unbe-
fangen überschreiten, ist es für die Narratologie nichtsdesto-
weniger, oder vielmehr nur um so *mehr* gefordert, ihrem
Beispiel zu folgen.[1]

„Weit entfernt, die Grenze zwischen Biographie und Fiktion zu verwischen, machen [sie] diese nur umso fühlbarer." *Hic et nunc* ist diese
Beobachtung richtig, doch man wird einige Jahrzehnte warten müssen,
um langfristig darüber urteilen zu können. Das erste Auftreten der
erlebten Rede, die ersten Erzählungen im inneren Monolog, die ersten
Quasi-Fiktionen des „New Journalism", etc., konnten überraschen und
irritieren; heute werden sie kaum noch wahrgenommen. Nichts ver-
braucht sich schneller als das Gefühl der Überschreitung. Auf narratolo-
gischer wie auf thematischer Ebene scheint mir die gradualistische, oder
wie Thomas Pavel sagt „integrationistische" Haltung realistischer als alle
Formen der Segregation.
1 Zu einer anderen Annäherung an diese Frage, cf. Michel Mathieu-Colas,
„Récit et vérité", *Poétique* 80, November 1989.

4. Stil und Bedeutung

Das klassische Werk von Greimas und Courtès, *Sémiotique, Dictionnaire raisonné de la théorie du langage*[1], erklärt unter dem Stichwort „Stil": „Der Term *Stil* gehört der literarischen Kritik an, und seine semiotische Definition ist schwierig, wenn nicht unmöglich." Angespornt durch diese Herausforderung, werde ich hier eine semiotische Definition des Stils zu skizzieren versuchen. Von den Semiotikern mithin an die Literatur verwiesen, versichere ich mich umgehend des jüngst erschienenen *Dictionnaire de stylistique* von Mazaleyrat und Molinié[2], wo ich folgende Definition finde: „Stil: Objekt der Stilistik." Ich suche nach dem Artikel „Stilistik": es gibt keinen.

Diese zweifellos wohlüberlegte Abstinenz ist an sich für die kritische Praxis nicht nachteilig, im Gegenteil: von Sainte-Beuve zu Thibaudet, von Proust zu Richard sind die Kritiker offensichtlich der Ansicht, der Stil sei eine zu ernste Sache, um ihn den Stilistikern als Monopol und autonomen Gegenstand zu überlassen – und eine Theorie des Stils, die darauf aus wäre oder darauf hinausliefe, ihn als solchen zu konstituieren, wäre zweifellos verfehlt. Doch heißt das nicht, daß *jede* Theorie des Stils nutz- und gegenstandslos wäre: im Gegenteil, nichts täte auf diesem Gebiet mehr not als eine Definition, die ihre Aufgabe unter anderem dadurch erfüllen würde, daß sie das Wesen der Beziehungen zwischen dem Stil und den anderen Aspekten des Diskurses und der Bedeutung aufhellt.

---

1 Paris, Hachette-Université, 1979, S. 399.
2 Paris, PUF, 1989.

Die Theorie des Stils ist nicht die Stilistik[1], und insbesondere nicht die literarische Stilistik – die, wie wir gesehen
haben, sich weise hütet, ihr Objekt zu definieren. Doch ihre
Prämissen sind in einer anderen Forschungstradition erkennbar, die durch die Saussuresche Linguistik inspiriert wurde
und zu Beginn dieses Jahrhunderts im Werk von Charles
Bally ihren Ausdruck fand. Ihr Gegenstand liegt bekanntlich
weniger in der individuellen Originalität oder Innovation, als
in den potentiellen Ressourcen der Umgangssprache[2], wobei
jedoch das Wichtige in unserem Zusammenhang nicht in
diesem möglicherweise überschätzten Unterschied des For-
schungsgebietes liegt, sondern in dem, wenn auch relativen,
Bemühen um eine Konzeptualisierung, das sich darin ausdrückt.

„Die Stilistik", schrieb Bally 1909, „studiert die Fakten des
sprachlichen Ausdrucks vom Gesichtspunkt ihres affektiven
Inhalts her, das heißt den Ausdruck der Fakten der Empfindung durch die Sprache und die Einwirkung der sprachlichen
Fakten auf die Empfindung."[3] Sicherlich eine etwas wirre
Definition, denn es ist kaum einsichtig, warum ein Ausdruck
eines Empfindungsfaktums wie „Ich leide" *a priori* mehr Stil
beinhalten soll als eine objektive Aussage wie „Das Wasser
kocht bei 100°". Das relevante Element liegt zweifellos nicht
in dieser im übrigen unvollständigen (affektiv *vs.* was?) in-

---

1 „Spitzer ist mehr ein Praktiker als ein Theoretiker – und darin ist er ein
echter Stilistiker" (G. Molinié, *La Stylistique,* Paris, 1989, S. 29).
2 Die Unterscheidung zwischen „zwei Stilistiken" ist klassisch seit dem
Buch von P. Guiraud, *La Stylistique,* Paris, 1954. Guiraud bezeichnet die
erste als „genetische oder Stilistik des Individuums" und die zweite als
„deskriptive oder Stilistik des Ausdrucks". Die Antithese ist allerdings
brüchig, denn die erstere ist ebenfalls deskriptiv und beschreibt den Stil
ebenfalls als Ausdrucksfaktum. Das eigentliche Thema ist die Opposition zwischen dem Anteil des Individuums in den Werken der Literatur
(Spitzer) und den kollektiven Möglichkeiten der Sprache (Bally). Der
Zwischenzustand, den die kollektiven Stile darstellen, bedeutet jedoch
eine Relativierung dieser Opposition.
3 *Traité de stylistique française,* Stuttgart, 1909, S. 16.

haltlichen Unterscheidung, sondern in einer sicherlich durch die Terme „Ausdrucksfakten der Sprache" bezeichneten Unterscheidung der Mittel; der Stil würde aus den *expressiven* Aspekten der Sprache bestehen, im Gegensatz zu den ... nicht expressiven, die zu bestimmen bleiben. Mangels einer klar formulierten theoretischen Definition ist es Ballys deskriptive Praxis, die zeigt, worum es hier geht: die Opposition besteht, man errät es, nicht zwischen „ich leide" und „das Wasser kocht bei 100°", Aussagen, die beide gleich wenig „expressiv" sind – und somit, nach dieser Doktrin, auch nicht „stilistisch" –, sondern beispielsweise zwischen dem Satz „Ich leide" und der Interjektion „Au!", deren Inhalte äquivalent, doch deren Mittel verschieden sind. Der zweite Typ wird allgemein übereinstimmend durch das Wort Ausdruck bezeichnet (die Interjektion *drückt* den Schmerz *aus*); der erste bleibt unbenannt, als nicht markierter Term, welcher, stets dieser Doktrin folgend, für die Stilistik uninteressant ist. Nennen wir ihn provisorisch, und fast willkürlich, *Beschreibung*. Dann wird man, stets Bally paraphrasierend und in Ergänzung seiner Terminologie, sagen, daß die Interjektion „Au!" ausdrückt, was der Satz „Ich leide" beschreibt. Das Stilfaktum fände sich einzig im ersten Lokutionstyp: Stil gäbe es lediglich, wo Ausdruck stattfindet, insofern der Ausdruck im Gegensatz steht zur Beschreibung.

Zweifellos hat man bemerkt, daß diese beiden Terme fürs erste noch keineswegs definiert sind, es sei denn wie in *Le Bourgeois gentilhomme* die Poesie und die Prosa durch gegenseitige Opposition und dadurch, daß sie sich ohne Rest das Feld der sprachlichen Ressourcen teilen sollen. Wir können ohne allzu große Antizipation noch etwas weiter gehen und, wenn auch bereits mit dem Risiko einer Ungenauigkeit, feststellen, daß „Ich leide" willentlich durch das Mittel einer bloßen sprachlichen Konvention eine Information mitteilt, und daß „Au!" willentlich oder unwillentlich annähernd dieselbe Wirkung mittels eines mechanisch durch eine

Schmerzempfindung provozierten Schreis erzielt. (Die Ungenauigkeit besteht zumindest darin, daß eine solche Interjektion, stark lexikalisiert wie sie ist, je nach der Sprache ihre Form ändert und also die Schmerzempfindung niemals zur einzigen Ursache hat. Andere, stärker „natürliche" Schreie würden schwerer eine sprachliche Übersetzung finden, vor allem schriftlich. Aber in dieser Perspektive wird gerade erkennbar, daß der Stil einen Kompromiß zwischen Natur und Kultur darstellt.)

Mit diesen sukzessiven Ergänzungen und Retouchen von Ballys Definition nähern wir uns einer anderen, 1955 von Pierre Guiraud vorgeschlagenen kanonischen Formulierung: „Die Stilistik ist die Untersuchung außerbegrifflicher Werte affektiven oder sozio-kontextuellen Ursprungs, die den Sinn färben. Sie ist die Untersuchung der expressiven Funktion der Sprache im Gegensatz zu ihrer kognitiven oder semantischen."[1] Läßt man vorerst die, mit dem affektiven Ursprung konkurrierende, Einführung einer sozio-kontextuellen Bestimmung (die schon von Bally unter dem Namen *Evokationswirkungen* studiert worden ist, auch wenn die eben gegebene Definition sie nicht erwähnt) beiseite, und hält man fest, daß eine solche Funktionsdifferenz eher Mittel als Inhalte unterscheidet, dann wird deutlich, daß Guiraud, durch Beibehaltung des Terms *expressiv* zur Bezeichnung der charakteristischen Mittel des Stils, für den anderen Typ drei als äquivalent geltende Qualifizierungen vorschlägt, die ohne Schaden unser *deskriptiv* ersetzen: nämlich *begrifflich, kognitiv* oder *semantisch.* Um klarzustellen, worum es geht, sind hier sicherlich zwei Begriffe überzählig, aber vielleicht sollte man voreilige Klarstellungen meiden. Bleiben wir also vorerst bei dieser von mir modifizierten Definition: „Der Stil ist die expressive Funktion der Sprache im Gegensatz zu ihrer be-

---

1 *La Semantique,* Paris, 1955, S. 116. Es handelt sich auch hier offensichtlich um die Stilistik der Sprache.

grifflichen, kognitiven oder semantischen." Alles Folgende ist in gewisser Weise darauf gerichtet, die drei letzten Adjektive durch ein möglicherweise härteres vierte und das erste durch ein möglicherweise adäquateres fünftes zu ersetzen. Halten wir jedoch vor Beginn dieser langwierigen Suche fest, daß unsere beiden Linguisten statt des erwarteten Wortes *langue* lieber das scheinbar verschwommenere *langage* gebrauchen. Aus diese Weise wird, wie mir scheint (selbst bei einem „Stilisten der Langue" wie Bally), dem Faktum Rechnung getragen, daß die Ressourcen der Sprache immer unvermeidlich in einen *Diskurs* einmünden, sei er oral oder schriftlich, literarisch oder nicht.

Welches der andere Term der Antithese auch sei, bis hierher ist *Ausdruck* der markierte und definitorische Begriff des Stils geblieben. Um diese Konvention zu erschüttern, folge ich bei der Suche nach einer möglichen Alternative einem Hinweis des Ästhetikers Mikel Dufrenne: „Wodurch verrät das Werk den Künstler? Wir haben vorgeschlagen, diese Bedeutung des ästhetischen Objekts *Ausdruck* zu nennen ... Dieser Ausdruck ist das, was die Linguistik Konnotation nennt."[1] Zwischen *Ausdruck* und *Konnotation* wird also eine Äquivalenz angenommen, wobei beide, wie dem Kontext zu entnehmen ist, bei Dufrenne zur Definition des Stils dienen. Halten wir fest, daß diese Äquivalenz seit mehreren Jahren ziemlich allgemein anerkannt wird, auch von den Logikern. So ist für Reichenbach der Ausdruckswert der Zeichen polar zu ihrem kognitiven, wobei Ausdruck als der Bankrott der Denotation definiert wird: „Wir nennen einen Begriff expressiv, wenn er nicht als denotativ benutzt wird."[2] Unvermeidlich eröffnet die Ersetzung von *Ausdruck* durch *Konnotation* den Weg zur

---

1 *Esthétique et Philosophie*, I, S. 106–107.
2 *Elements oft Symbolic Logic*, New York, 1947, S. 319.

Denotation als Bezeichnung des antithetischen Terms. Die Guiraudsche Definition sähe dann so aus: „Der Stil ist die konnotative Funktion des Diskurses, in Opposition zu seiner denotativen Funktion." Auf Grund des derzeitigen Fehlens einer Definition dieser neuen Terme kann man am Sinn einer solchen Transformation zweifeln. Ich halte den von ihr erbrachten Vorteil jedoch für beträchtlich, nicht weil dieses neue Begriffspaar von evidenterer Bedeutung wäre, sondern eher auf Grund der Fragen, die es aufwirft.

Die von Hjelmslev vorgeschlagene und von Roland Barthes popularisierte semiologische Definition des Paars *Denotation / Konnotation* ist bekannt und allgemein verbreitet, zumindest in jener simplifizierten Form, die uns für den Augenblick genügt: die Konnotation ist eine zweite oder abgeleitete Bedeutung, die durch die Weise, wie man eine erste Bedeutung bezeichnet (oder denotiert), hervorgerufen wird; das vertraute Wort *patate* denotiert die Kartoffel und konnotiert die (*seine*) Vertrautheit. Weniger verbreitet, obwohl oder weil älter, ist die logische Bedeutung dieses Paars, die mindestens bis auf Stuart Mill zurückgeht und die es, wie Goblot bezeugt, zum Äquivalent der klassischen Opposition zwischen *Umfang* und *Inhalt* eines Begriffs macht: „Jeder Name denotiert Gegenstände und konnotiert die zu diesen Gegenständen hinzugehörigen Qualitäten"[1] – das Wort *chien* denotiert die Spezies Hund und jedes ihrer Mitglieder (Umfang), und es konnotiert die charakteristischen Eigenschaften dieser Spezies (Inhalt).

Die Beziehung zwischen diesen beiden Paaren kann rein homonym erscheinen, denn es ist nicht einsichtig (auch wenn sich diese Meinung vertreten läßt), daß der Inhalt dem Umfang nachgeordnet sein muß oder gar an die Weise gebunden ist, wie man diesen bezeichnet; und umgekehrt ist noch weniger einsichtig, wie das vertraute Wort *patate*, dessen

---

1 *Traité de logique*, Paris, 1918.

Umfang die Spezies der Kartoffeln umfaßt, die Vertrautheit seines eigenen Gebrauchs zum Inhalt haben sollte. Mir scheint jedoch, daß diese beiden Oppositionen durch eine pertinente Beziehung miteinander verbunden sind, welche bereits durch die, in gewisser Weise vermittelnde, von Frege getroffene Distinktion zwischen dem *Sinn* einerseits und der Denotation oder Referenz (*Bedeutung*) eines selben *Zeichens* andererseits nahegelegt wird.[1]

Bekanntlich handelt Frege in der Tat über ein Paar von Zeichen (logische Eigennamen[2]), die dasselbe Denotatum oder denselben Referenten haben – die, anders gesagt, dasselbe Objekt, aber auf dem Weg über zwei Aspekte oder „Gegebenheitsweisen" bezeichnen: *Morgenstern* und *Abendstern* bezeichnen denselben Planeten Venus, einmal als Stern des Morgens, einmal als Stern des Abends, zwei Erscheinungsweisen, die so verschieden sind, daß die Identität ihres kausalen Ursprungs nicht allen klar ist. Wie man sieht, ist der Sinn hier gänzlich (analytisch) im Zeichen enthalten, während das Denotat mit diesem auf synthetische Weise verbunden ist; aber es ließen sich leicht Fälle benennen, in denen der Sinn nicht so unmittelbar evident und tautologisch wäre – wo also das Zeichen in seiner Form nicht vom Sinn diktiert wäre. So sind *Henri Beyle* und *Stendhal* zwei gleichermaßen konventionelle Namen (auch wenn der zweite *gewählt* wurde) zur Bezeichnung derselben Person, hier des französischen Bürgers und Diplomaten, dort des Autors von *Le Rouge et le Noir*; Ludwig XVI. ist ein Souverän, Louis

---

1 „Über Sinn und Bedeutung" (1892), in *Schriften zur Logik und Sprachphilosophie*, Hamburg, ³1990.
2 *Morgenstern* und *Abendstern* sind auf deutsch zwei Eigennamen im grammatischen Sinn. Im Französischen sind *Étoile du matin* und *Étoile du soir* analytischer, aber das ändert nichts an ihrem Status als logische Eigennamen, die ein Einzelobjekt bezeichnen.

Capet ein Angeklagter, etc. Und nichts hindert uns, mit oder ohne Freges posthumem Segen[1], die Demonstration auf die Gattungsnamen auszudehnen: *triangle* und *trilatère* sind zwei konkurrierende Terme zur Bezeichnung einer selben geometrischen Figur gemäß zwei verschiedenen Eigenschaften.

In allen diesen Fällen läßt sich offensichtlich der Fregesche *Sinn* mit dem logischen Inhalt und das *Denotat* mit dem logischen Umfang gleichsetzen. In anderen Fällen von Koreferenz[2] jedoch wird man, spontaner und auch legitimer, *Sinn* mit *Konnotation* übersetzen. So konnotiert, bei Bezeichnung der nämlichen Funktion, der Gebrauch von *contractuelle* (Politesse) einen mehr administrativen Gesichtspunkt, und der von *pervenche* (Immergrün), einen, sagen wir, eher ästhetischen. Die Wahl zwischen *Inhalt* und *Konnotation* (im semiologischen Sinn) ist also vielfach offen, wobei das Kriterium vielleicht darin besteht, daß der erste Term sich eher auf einen dem bezeichneten Objekt inhärenten *Aspekt* bezieht und der zweite auf den *Gesichtspunkt* des Sprechers; doch es ist klar, daß Aspekt und Gesichtspunkt so eng miteinander verbunden sind, wie Vorder- und Rückseite desselben Blatts. Der Aspekt determiniert oder zeigt den Gesichtspunkt, der Gesichtspunkt wählt und illuminiert den Aspekt – Inhalt und Konnotation sind also die beiden Seiten eines selben Faktums: „Gegebenheitsweise" oder Definitions- und Designationsmodus in einem, glücklich verschmolzen im Fregeschen *Sinn*, welchen man somit als eine Brücke zwischen dem logischen und dem semiotischen Verständnis des Paars *Denotation / Konnotation* benutzen kann.

---

1 Frege geht direkt von den Eigennamen zu den Propositionen über.
2 Ich will mit diesem Term den der *Synonymie* vermeiden, der, nach Carnaps Rat, für die Fälle – falls es sie gibt – von Identität nicht nur der Referenz, sondern auch des Inhalts oder der *Intension* reserviert bleiben sollte („Signification et synonymie dans les langues naturelles" [1955], *Langages,* Juni 1969).

Aber man kann sicherlich in die Richtung einer subjektiven Charakterisierung der Konnotation noch weiter gehen: wenn ich zur Bezeichnung meiner Hausbesorgerin statt des traditonellen Wortes *concierge* das Argot-Wort *pipelette* oder *bignole* gebrauche, dann wird die Charakterisierung meiner Wahl sich sehr merklich vom Aspekt oder der „Gegebenheitsweise" dieser Angestellten zu einem *Lokutions*modus – eben dem des Argots – hin verschieben, und in gewissen Sprechsituationen kann diese Wahl für meinen Gesprächspartner möglicherweise nichts anderes als die Vulgarität meiner Sprache oder gar meiner Person evozieren, so wie die Innovationen im Vokabular Albertines für Marcel lediglich die moralische Entwicklung des jungen Mädchens anzeigen. Im Spektrum der möglichen Wertigkeiten des Fregeschen Sinns befinden wir uns hier am entgegengesetzten Pol von dem, den die Wahl zwischen *triangle* und *trilatère* einnehmen würde. Dieser rein (gnoseo)logischen Wahl zwischen zwei geometrischen Oppositionen steht eine Wahl zwischen zwei Registern des Diskurses gegenüber. Zwischen diesen beiden Polen erstreckt sich eine ganze Skala von Zwischenwerten, je nachdem, ob der Aspekt des bezeichneten Objekts oder die Haltung oder sprachliche Zugehörigkeit des Designators dominiert, und was für ein Wort gilt, gilt offensichtlich für die Gesamtheit eines Diskurses. Ich habe die Option zwischen *concierge* und *bignole* noch nicht qualifiziert, doch man wird verstanden haben: dies ist ein typischer Fall dessen, was man eine *stilistische* Wahl nennt.

Eigentlich ist das Wort *Wahl* hier nicht sehr glücklich, denn es scheint einen bewußten und überlegten Akt einzuschließen, was jedoch nicht immer der Fall ist: nicht immer wählt man seine Worte, und gewisse Typen wissen vielleicht gar nicht, daß eine *bignole* eine *concierge* ist, so wie jene umgekehrt den anständigen Leute unbekannt ist – oder so wie die Langschläfer nicht wissen, daß der Abendstern auch morgens erscheint. *Wahl* hat für mich hier nur diesen objektiven Sinn:

es gibt verschiedene Worte zur Bezeichnung einer Hausbesorgerin, und von diesen hat jemand *bignole* benutzt. Tat er das willentlich, so konnotiert dieser Gebrauch eine Intention; anderenfalls eine Situation. Man kann, und muß wohlgemerkt, dasselbe sagen vom Gebrauch des Wortes *concierge:* absolut, das heißt außer Kontext, ist kein Stil *mehr Stil* als ein anderer. Doch greifen wir nicht vor. Ich glaube im übrigen, daß auch ein Zustand der Konnotation erreichbar ist, der im logischen Sinn sozusagen überhaupt keinen Inhalt mehr hätte; wenn in Gegenwart eines bestimmten Tiers von zwei Individuen das eine *„Horse!"* und das andere *„Cheval!"* ausruft, dann wird (vermute ich) die Differenz zwischen diesen beiden Rufen keineswegs inhaltlicher Art sein, und doch wird der eine vermutlich die Anglophonie seines Sprechers, der andere die Frankophonie des seinen konnotieren (die Konnotatoren sind in vieler Hinsicht eine Art *Index*). So verstanden könnte der Begriff der Konnotation den des Stils überschreiten – was für unsere Zwecke kein Nachteil wäre, denn definieren heißt zunächst, eine bestimmte Spezies mit einer umfassenderen Gattung in Verbindung zu bringen.

Wir können also annehmen, daß ein Diskurselement sowohl im Modus der Denotation sein Objekt bezeichnet, und zugleich im Modus der Konnotation etwas anderes, dessen Natur vom logischen Inhalt bis zur einfachen sprachlichen Zugehörigkeit reichen kann, wobei in den meisten Fällen sich beide Aspekte vermischen: *Morgenstern* konnotiert schließlich nicht nur die Eigenschaft der Venus, manchmal morgens zu erscheinen, sondern auch den Gebrauch, den ihr morgendlicher Betrachter von der deutschen Sprache macht. Und wer den Namen *Venus,* wegen der Vermeidung des Umwegs über ein morgendliches oder abendliches Erscheinen, für direkter und nüchterner denotativ hält als *Morgenstern* oder *Abendstern,* der wird doch zugeben müssen, daß die Wahl dieses Namens zur Bezeichnung des Planeten gerade nicht frei ist von evokatorischer Wertigkeit: *Dis-moi Vénus* ...

Was jedoch keineswegs geklärt ist, ist die Frage der Differenz nicht mehr zwischen dem Denotierten – Venus oder die Hausbesorgerin – und dem Konnotierten – Morgendlichkeit bei *Morgenstern*, Vulgarität bei *bignole* –, sondern zwischen den jeweils vom Denotationsakt und vom Konnotationsakt konstituierten Signifikations*modi*. Ich insistiere: daß dasselbe Zeichen zugleich einen Sinn und ein Denotat evoziert, heißt nicht notwendig, daß dies auf zwei verschiedene Weisen geschieht. Fehlt hier auch eine logische Notwendigkeit, so besteht doch zweifellos eine empirische Evidenz: die Beziehung von *Morgenstern* zur Morgendlichkeit der Venus ist offensichtlich nicht von derselben Art wie seine Beziehung zur Venus als zweiten Planeten des Sonnensystems – noch auch wie seine Beziehung zur deutschen Sprache; und die Beziehung von *bignole* zu meiner Hausbesorgerin ist nicht von derselben Art wie die zu meiner – realen oder vorgetäuschten – Vulgarität. All diese Relationen, und sicher auch einige andere, bleiben zu definieren. Ein neuer Umweg hilft uns da vielleicht weiter.

In einem berühmten Passus von *Saint Genet* schlägt Sartre eine andere Distinktion vor, deren Beziehung zu denen, von welchen hier die Rede war, keineswegs einfach ist. Diese Distinktion stellt zwei weitere Modi des Bedeutens einander gegenüber, als welche hier der *Sinn* und die *Bedeutung* auftreten:

> Die Dinge bedeuten nichts. Dennoch hat jedes von ihnen einen Sinn. Unter *Bedeutung* ist eine bestimmte konventionelle Beziehung zu verstehen, die aus einem anwesenden Gegenstand den Stellvertreter für einen abwesenden Gegenstand macht; unter *Sinn* verstehe ich das Partizipieren einer anwesenden Realität in ihrem Sein an dem Sein anderer Realitäten, anwesenden oder abwesenden, sichtbaren

oder unsichtbaren, und stufenweise am Universum. Die Bedeutung wird dem Gegenstand von außen durch eine bedeutende Intention verliehen, der Sinn ist eine natürliche Qualität der Dinge; die Bedeutung ist ein transzendentes Verhältnis zwischen einem Gegenstand und einem anderen, der Sinn eine Transzendenz, die in die Immanenz gefallen ist. Die Bedeutung kann eine Intuition vorbereiten, ihr die Richtung weisen, aber sie kann sie nicht liefern, da jeder bedeutete Gegenstand grundsätzlich außerhalb des Zeichens ist; der Sinn ist von Natur aus intuitiv; er ist der Geruch, der ein Taschentuch durchtränkt, das Parfum, das einem leeren und geöffneten Flakon entströmt. Das Sigel „XVII" *bedeutet* ein bestimmtes Jahrhundert, aber in den Museen hängt sich diese ganze Epoche wie Gaze, wie Spinngewebe an die Locken einer Perücke, dringt in Schwaden aus einer Sänfte.[1]

In sich ist diese Sartresche Unterscheidung sehr klar: manche Objekte haben, wie das Sigel XVII, eine konventionelle und also *transzendente* oder äußerliche Bedeutung; andere, wie die Sänfte, haben einen Sinn, der *immanent,* da notwendig mit der Natur dieser Objekte verknüpft ist – wobei die notwendige oder „natürliche" Beziehung hier eine der historischen Provenienz ist: die Sänfte wurde geschaffen oder erfunden in der Epoche, welche sie eben darum suggeriert. Sartre hat diese beiden Begriffe offensichtlich so gewählt, daß die beiden Zeichen in einem selben Objekt konvergieren, nämlich dem Grand Siècle. Das Sigel XVII *bedeutet* dieses Jahrhundert – und da das Wort *Sinn* die Ableitung eines besonderen Verbs nicht erlaubt, sagen wir provisorisch und nicht sehr originell, daß die Sänfte es *evoziert.*

Die Konvergenz in einer selben *Bedeutung* (dt. i. O.) deutet auf eine Analogie zwischen dem Verfahren Sartres und dem Freges hin: in beiden Fällen gibt es zwei Zeichen für einen einzigen Referenten. Diese Parallele ist trügerisch, denn die beiden Fregeschen Zeichen sind, obwohl ihr Sinn jeweils verschieden ist, von gleicher, nämlich sprachlicher Art, die

---

1 *Saint-Genet, Komödiant und Märtyrer,* Reinbek, 1982, S. 476.

Sartres jedoch von verschiedener: eines ist ein sprachliches Zeichen, das andere ein materielles Objekt, oder wie Sartre einfach sagt, ein *Ding* (*chose*), dessen primäre Funktion nicht das Bedeuten ist. Doch der Gebrauch, den Sartre von dem Wort *Sinn* zur Bezeichnung des einen Bedeutensmodus macht, verbietet es, den Vergleich mit Frege vorzeitig abzubrechen. *Morgenstern* bezeichnet einen bestimmten Planeten auf dem Umweg über einen Aspekt, ungefähr so wie die Sartresche Sänfte das Grand Siècle auf dem Umweg über eine historische Zugehörigkeit evoziert. *Venus,* oder besser noch eine neutralere und konventionellere Bezeichnung wie etwa die Nummer eines Kodes, bezeichnet denselben Planeten ohne oder über einen weniger sichtbaren Umweg, so wie das Sigel XVII das Grand Siècle. Man kann also sagen, daß bestimmte Bedeutungsträger (XVII, *Venus*), da konventioneller und weniger mit Sinn belastet, direkter oder transparenter sind als andere (Sänfte, *Morgenstern*). Diese Unterschiede sind offensichtlich ganz relativ und durchaus reversibel (ich werde darauf zurückkommen), aber zweifellos ausreichend, um die Feststellung zu erlauben, daß normalerweise der erste Typ mehr denotativ und mithin der zweite mehr konnotativ oder, wenn man die von Dufrenne hergestellte Äquivalenz bevorzugt, expressiver ist.[1]

Die Opposition bezieht sich auf den Modus des Bedeutens und nicht auf die Natur des (identischen) Signifikats, noch auf die des Signifikanten, selbst wenn die Analyse von Sartre in *Saint Genet* eine Wesensdifferenz zwischen den „Worten", die bedeuten, und den „Dingen", die Sinn erzeugen, nahelegt. Beiläufig sei angemerkt, daß in diesem Falle eine Definition des Stils durch den konnotativen Gebrauch der Sprache nicht praktikabel wäre, denn die Sprache wäre dann immer und ausschließlich denotativ, ohne die Möglichkeit, Träger eines

---

1 Sartre weist jedoch das Verb *exprimer,* als zu eng mit dem sprachlichen Bedeuten verknüpft, zurück (*Situations,* II, 1948, S. 61).

Sartreschen *Sinns,* das heißt einer Konnotation zu sein. Alle
Evidenzen widersprechen jedoch einer solchen Hypothese,
und Sartre selbst widmet einige nicht minder berühmte Seiten
von *Situations*[1] der (poetischen) Fähigkeit der Sprache,
gleichzeitig als Zeichen und als Ding zu funktionieren, also
als Mittel des Bedeutens und als Träger von Sinn. Der Unterschied bezieht sich also nicht auf die gebrauchten Zeichen,
sondern auf die Funktion, die sie übernehmen. Ein Wort
(zum Beispiel das Wort *nuit*) kann wie ein Ding leuchten oder
klingen, und umgekehrt kann ein Ding wie ein konventionel-
les Zeichen in einem sprachlichen Kode funktionieren. Und,
um ein letztes Mal, wenn auch im Gegensinn, an die Sartreschen Beispiele anzuknüpfen, das Sigel XVII kann (in Opposition zu 17) durch historische Evokation eine gewisse klassische Latinität (das ist ihr Sartrescher Sinn) konnotieren, und
eine Sänfte kann in einen Kode eintreten, der ihr eine beliebige Bedeutung verleiht, so wie zum Beispiel an einem strate-
gischen Ort in Ermanglung anderer Signale die Präsenz einer
Schubkarre besagen kann, daß der Feind von Osten, und die
einer Sänfte, daß er von Westen kommt, oder umgekehrt.

Nach diesem doppelten Umweg über die Analysen von Frege
und Sartre lassen sich zwei Sätze aufstellen, und dazu sicherlich noch ein dritter:

1. Zwei Zeichen können dasselbe Objekt bezeichnen, einmal durch konventionelle Denotation, zum anderen durch
einen natürlicheren, oder mindestens motivierteren Evoka-
tionsmodus. Also

denotiert das Sigel XVII

evoziert die Sänfte

das Grand Siècle

---

1 *Ibid.,* S. 60 ff.

2. Dasselbe Zeichen kann ein Objekt denotieren und ein anderes evozieren, so gilt:

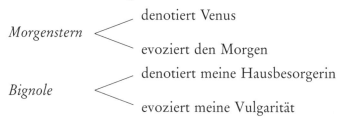

Morgenstern — denotiert Venus

evoziert den Morgen

Bignole — denotiert meine Hausbesorgerin

evoziert meine Vulgarität

3. Durch Zufall oder Kalkül ist es möglich, daß ein und dasselbe Zeichen dasselbe Objekt zugleich denotiert und evoziert. So gilt, weil es selbst kurz ist, daß

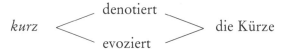

kurz — denotiert / evoziert — die Kürze

Was offensichtlich weder von seinem Synonym *monosyllabisch*, noch von seinem Antonym *lang* gilt, welche ihr Denotat nicht evozieren.

Wir werden diese verschiedenen Typen von Bedeutungsrelationen auch später noch antreffen, deren letztere, beiläufig bemerkt, von den Stilistikern im allgemeinen als *Expressivität* qualifiziert wird. Doch ich habe bei der Aufstellung meiner drei Sätze den Rückgriff auf die Worte *Expression* und *Konnotation* sorgfältig vermieden; ihr bisheriger Gebrauch durch mich war zu leichtfertig und ist künftighin zugunsten strengerer Definitionen einzuschränken (der Gebrauch von *Evokation* zur Vermeidung der beiden anderen Begriffe wird ebenfalls eine spezifischere Anwendung finden). Zugleich sei darauf hingewiesen, daß auf Grund der beiden anstehenden Neudefinitionen die von Dufrenne vorgeschlagene Gleichsetzung in ihrem Fortbestand bedroht ist.

Die zuerst genannte verlangt einen letzten Umweg, und zwar über die von mir etwas eigenwillig so genannte Goodmansche Semiotik. Im letzten Kapitel von *Sprachen der Kunst* und in einigen späteren Texten[1] schlägt Nelson Goodman eine allgemeine Klassifikation der Zeichen vor, deren evidenteste Eigenschaft darin besteht, mit der seit mehr als einem Jahrhundert fast universal anerkannten (und indessen etwas vulgarisierten) Klassifikation von Peirce zu brechen. Diese Vulgata unterscheidet, vereinfacht, bekanntlich drei Arten von Zeichen: die rein konventionellen *Symbole* (das Schild: Einfahrt verboten); die *Indices,* die auf einer kausalen Beziehung beruhen (der Rauch als Zeichen des Feuers); und die *Ikonen* (die Waage als Emblem der Justiz), die durch Analogiebeziehung oder, nach der abstrakteren Formel von Charles Morris, durch eine „Gemeinsamkeit von Eigenschaften" zwischen Signifikant und Signifikat gekennzeichnet sind.[2] Von der zweiten Kategorie behält Goodman offensichtlich nichts zurück[3], und die dritte unterzieht er einer radikalen Kritik[4], deren Argumentation im wesentlichen folgendermaßen paraphrasiert werden kann: die Analogiebeziehung ist nicht ohne weitere Präzisierung durch eine Gemeinsamkeit von Eigenschaften definierbar; weil zwei Dinge immer schon zumindest eine Eigenschaft (die, Dinge zu sein) teilen, kann *eine einzige* gemeinsame Eigenschaft nicht hinreichen, wenn nicht – was die Analogiebeziehung jeder Spezifik beraubt – alles mit allem Ähnlichkeit haben soll und umgekehrt. Müssen sie demnach *alle* ihre Eigenschaften teilen? In diesem Fall jedoch wären sie ganz einfach identisch, sogar numerisch identisch (denn alle Eigenschaften zu teilen hieße auch, dieselbe Position in Raum

---

1 Siehe besonders *Vom Denken und anderen Dingen,* Frankfurt, 1987.
2 „Ein Zeichen ist ikonisch in dem Maß, in dem es selbst die Eigenschaften seiner *Denotata* besitzt" (*Zeichen, Sprache und Verhalten,* Düsseldorf, 1973).
3 Was ihn übrigens nicht hindert, einen (entscheidenden) Gebrauch vom Begriff des „ästhetischen *Symptoms*" zu machen.
4 „Seven Strictures on Similarity", in *Problems and Projects,* New York, 1972.

und Zeit einzunehmen), und eins könnte, weil sie nur eines wären, das andere nicht bedeuten; aber wenn nun weder *eine*, noch *alle*, wieviel denn? *Exit* die Analogie.

Goodmans Klassifikation beschränkt sich jedoch nicht nur auf die (Peircesche) Kategorie der konventionellen Symbole (in diesem Fall gäbe es für sie nichts zu unterscheiden). Was die Gesamtheit ihres Feldes abdeckt, ist die Kategorie der *Symbolisierung* oder *Referenz*, welche alle Fälle von „*standing for*" umfaßt, in denen etwas an Stelle von etwas anderem steht, durch welche Relation auch immer: es handelt sich um das ganze Reich der Zeichen, welche Goodman lieber *Symbole* nennt. Aber dieses Reich hat seine Provinzen. Die Klasse, die annähernd der der Peirceschen Symbole entspricht, ist die der *Denotation*, die als „einfache Applikation eines [sprachlichen oder sonstigen] Etiketts auf ein oder auf mehrere Dinge"[1] definiert wird. Doch die Denotation ist nicht der einzige Referenzmodus. Es existiert zumindest[2] noch ein weiterer, der in gewisser Hinsicht fast das Gegenteil ist und den Goodman *Exemplifizierung* nennt. Im wesentlichen erfüllt diese Kategorie die Funktion, die bei Peirce und Morris die ikonischen Zeichen innehaben, doch sie definiert sich nicht in Termen der Analogie, sondern der Zugehörigkeit zu einer Klasse oder (was auf dasselbe hinausläuft) nach dem Besitz von Eigenschaften: „Während alles oder fast alles nahezu alles denotieren oder sogar repräsentieren kann, kann ein Ding nur [exemplifizieren], was zu ihm gehört"[3], das heißt eine bestimmte Eigenschaft (unter anderen), die es mit

---

1 *Vom Denken.* Der Ausdruck „mehrere Dinge" verdeckt schamhaft die Möglichkeit der Applikation eines Begriffs auf eine Klasse – was in zahllosen Fällen geschieht, aber mit Goodmans nominalistischer Position kaum vereinbar ist.
2 *Zumindest,* weil Goodman mehrfach die Liste offen läßt, und zudem weil die *Zitier*weise zwischen einem autonomen Status und dem Zuschlag zur Exemplifikation zu zögern scheint.
3 *Sprachen der Kunst. Ein Ansatz zu einer Symboltheorie,* Frankfurt 1973, Kap. II.

allen Dingen, die sie gleichfalls besitzen, teilt. „Wenn ein Wort z. B. etwas Rotes denotieren soll, dann ist nichts weiter erforderlich, als daß wir es sich auf dieses Rote beziehen lassen; aber wenn mein grüner Pullover ein Prädikat exemplifizieren soll, dann reicht es nicht aus, den Pullover sich auf das Prädikat beziehen zu lassen. Das Prädikat muß den Pullover auch denotieren; d. h. ich muß auch das Prädikat auf den Pullover Bezug nehmen lassen."[1] Naiver ausgedrückt: um „grün" zu exemplifizieren, muß mein Pullover grün *sein*. Wie das Wort schon sagt, ist die Exemplifizierung ein (motivierter) Modus der Symbolisierung, der bei einem Objekt (welches ein Wort sein kann) darin besteht, daß es eine Klasse, der es angehört, symbolisiert, und deren Prädikat sich wiederum auf es bezieht[2] – es denotiert, anders gesagt. Diese Art von Reziprozität oder konverser Relation wird durch ein einfaches Theorem zusammengefaßt: „Wenn x y exemplifiziert, dann denotiert y x."[3] Wenn mein Pullover die Farbe „grün" exemplifiziert, dann denotiert *grün* die Farbe meines Pullovers; wenn er die „ärmellose" Form exemplifiziert, dann denotiert *ärmellos* seine Form, etc., denn ein Objekt kann immer mehrere Eigenschaften exemplifizieren.

Auch hier beruht der Unterschied zwischen Denotieren und Exemplifizieren nicht auf der *Natur* der gebrauchten Zeichen, sondern auf ihrer *Funktion;* die Geste eines Dirigenten wird (eher) konventionell denotierenden Wert haben; die-

---

1 *Ibid.,* S. 69.
2 Ein und dasselbe Objekt gehört offenkundig immer mehreren Klassen an, außer bei den Taxonomien des naturwissenschaftlichen Typus. Mein grüner Pullover gehört zugleich zur Klasse der Pullover und der grünen Objekte. Die Exemplifikation ist also eine Referenz *ad lib,* die durch den Kontext spezifiziert werden muß. Die Natur und die Mittel dieser Spezifizierung werfen oft Probleme auf, die Goodman mit der Behauptung umgeht, die Denotation sei auch nicht leichter zu spezifizieren. Mir scheint jedoch, daß sie es ist, und zwar auf Grund einer stabileren Konvention.
3 *Sprachen der Kunst,* S. 69, Anm. 9.

selbe Geste, von einem Gymnastiklehrer ausgeführt, den Wert eines Exempels oder eines Modells[1] – und man stelle sich die Konsequenzen vor, die eine Interpretation der ersten Geste in Begriffen der letzteren zur Folge hätte, obwohl sie physisch identisch sind; dasselbe Wort *bref* kann eingesetzt werden als die Kürze denotierend, als Exempel für ein monosyllabisches Wort, als Exempel für ein französisches Wort, etc.

Die Exemplifizierung kann entweder, wie in den bisher in Betracht gezogenen Fällen, *wörtlich* sein, oder übertragen, das heißt für Goodman, der etwas anderes nicht vorzusehen scheint, *metaphorisch*. Den Umwegen, die Goodman beschreitet, um die Metapher, zumindest im vulgären, Gleichheit oder „Ähnlichkeit" einschließenden Sinn des Wortes, nicht als Analogie zu definieren, werde ich im einzelnen nicht folgen. Die Metapher ist für ihn nichts als die Übertragung eines Prädikats von einem „Gebiet" auf ein anderes, dank einer Homologie (die aristotelische Analogie), nach welcher *x* im Gebiet A ist, was *y* im Gebiet B. Nimmt man zum Beispiel an, daß C-Dur auf dem Gebiet der Tonalität ist, was die Majestät auf dem der moralischen Eigenschaften, dann wird man daraus schließen können, daß die Jupiter-Symphonie, die in C-Dur ist, metaphorisch die Majestät exemplifiziert: daher ihr Titel. Nimmt man an, daß Grau für die Farben ist, was die Traurigkeit für die Gefühle, dann wird man sagen, daß *Guernica* metaphorisch die Verzweiflung exemplifiziert. Und angenommen, die vorderen Vokale seien für die Laute des Wortes, was die hellen Farben im visuellen Spektrum, so wird man mit Mallarmé sagen können, daß *nuit* ein Wort ist, das metaphorisch (ärgerlicherweise?) die Helligkeit exemplifiziert.[2] Die metaphorische Exemplifizierung ist jedoch

---

1 *Ibid.*, S. 73.
2 Welches ist das Fundament dieses Exemplifikationstyps? Diese manchmal beunruhigende Frage umgeht Goodman auf dieselbe Weise wie bei der wörtlichen Exemplifikation: das Geschäft der Semiotik sei es nicht, die Signifikationsbezüge zu *begründen,* sondern lediglich, sie so, wie sie

nichts anders, als was man geläufig den *Ausdruck* nennt. In diesem Sinne drückt die Jupiter-Symphonie Majestät aus, Guernica die Trauer und *nuit* die Helligkeit. Das oben zitierte Theorem würde also lauten: „Wenn *x y* ausdrückt, dann denotiert *y* metaphorisch *x*." Wenn *nuit* die Helligkeit ausdrückt, dann denotiert *hell* metaphorisch *nuit. Nuit* ist, einfacher gesagt, metaphorisch hell, so wie *bref* wörtlich kurz ist. Das annähernd sagt Mallarmé, und das zweifellos meinte auch Flaubert, als er *Madame Bovary* als grauen (oder rotbraunen) und *Salammbô* als purpurroten Roman bezeichnete.

Dank Goodman sind wir also mit einer Definition des Ausdrucks versehen, die zugleich genauer und umfassender als die der Stilistik ist. Genauer, weil sie sich auf *nuit*, das metaphorisch hell ist, bezieht, aber nicht auf kurz, das wörtlich kurz ist und also die Kürze nicht *ausdrückt,* sondern einfach *exemplifiziert.* Umfassender dagegen als die Definition, die implizit den stilistischen Gebrauch des Wortes *Expressivität* begründet. Denn wenn *kurz* die Kürze zugleich denotiert und exemplifiziert[1], so denotiert dagegen – „kontradiktorisch" würde Mallarmé sagen – *lang* die Länge, aber exemplifiziert die Kürze. Diese beiden Worte sind beide gleich „exemplarisch", aber im einen Fall verdoppelt und bestärkt die Exemplifizierung die Denotation, im anderen widerspricht sie ihr. Und wenn, desgleichen, auf metaphorischer Ebene der Ausdruck von *nuit* dessen Denotation widerspricht, so gilt für den des dunkler klingenden *ombre,* daß er (immer nach Mallarmé) dessen Denotation verdoppelt. Die

---

wirklich oder hypothetisch funktionieren, zu beschreiben. Wären die Traurigkeit von Grau oder die Majestät von C-Dur nur Illusionen oder Allgemeinplätze oder gar nur Rückwirkungen von Titeln wie *Guernica* oder *Jupiter,* so würde das diese Wertungen keineswegs außer Kurs setzen.

1 Das ist es, was ich oben provisorisch „evozieren" genannt habe. Es ist einsichtig, daß *exemplifizieren* pertinenter ist – wenn auch nicht eleganter.

Expressivität der Stilistiker umfaßt nur die Fälle von Verdoppelung (oder Redundanz) vom Typ *kurz* oder *ombre*. Sie ist also lediglich ein Sonderfall des Ausdrucks oder der Exemplifizierung – Fälle, die Goodman seinerseits „Selbstbezug" nennt.[1] Ich werde auf die Nachteile des von der Stilistik diesem Sonderfall zugebilligten kratylistischen Privilegs noch zurückkommen.

So sind wir also jetzt mit drei Signifikationstypen zugleich versehen, von denen einer (die Denotation) vorerst unverändert geblieben ist, während die beiden anderen, die denselben Pol einnehmen wie für uns einstmals *Ausdruck, Evokation, Konnotation,* sich auf einen einzigen zurückführen lassen, denn der Goodmansche Ausdruck ist lediglich eine metaphorische Variante der Exemplifikation. Wenn wir uns der von mir bereits variierten Formulierung Guirauds erinnern, so werden wir sie mühelos in die folgenden neuen Begriffe übersetzen: „Der Stil ist die exemplifikative Funktion des Diskurses, im Gegensatz zu seiner denotativen Funktion."

Freilich muß jetzt auch der Term *Konnotation*[2], der nicht mehr als koextensiv mit *Exemplifikation* gelten kann, diesem neuen begrifflichen Feld angepaßt werden. Eine erste Reduktion ist sozusagen bereits durch die Etymologie vorgeschrieben: *Konnotation* kann sich sinnvoll nur auf eine zusätzliche Bedeutung, die sich an eine Denotation *anschließt*, beziehen; das ist jedoch offensichtlich nicht bei allen Referenzen durch Exemplifikation der Fall: wenn mein grüner Pullover nichts denotiert, dann läßt sich kaum sagen, daß er das von ihm Exemplifizierte *konnotiert*.[3] Wenn ein Ideogramm, dessen

---

1 S. 6.
2 Dieser Begriff ist dem Goodmanschen System offensichtlich fremd.
3 Dennoch ließe sich das Wort *Konnotation* in einem erweiterten Sinne auf eine Bedeutung anwenden, die sich nicht an eine Denotation, sondern an eine praktische Funktion anschließt: so kann man sagen, daß mein

Sinn mir unbekannt ist, für mich die chinesische Schrift exemplifiziert, dann wäre es falsch, zu sagen, es konnotiere sie mir, denn es denotiert mir nichts. Nicht jede Exemplifikation ist also eine Konnotation, die Konnotation ist nur ein Sonderfall der Exemplifikation: eine Exemplifikation, die sich an eine Denotation anschließt.

Doch wir müssen sicher die Einschränkung noch weiter treiben, so wie es die Hjelmslevsche Definition der Konnotation als Signifikation zweiten Grades nahelegt.[1] Ich habe die Relation *Denotation/Konnotation* bis jetzt behandelt, als ob sie stets symmetrisch und egalitär wäre. Das ist offensichtlich vielfach der Fall, so wenn das eine Wort *long* die Länge denotiert und andererseits die Kürze exemplifiziert. Anders sieht es jedoch aus, wenn ich sage, daß das eine Wort *long* einerseits die Länge denotiert und andererseits die französische Sprache exemplifiziert. Wie das? Ein kleine Geschichte kann uns sicher helfen, diese Frage, der Goodman keinerlei Aufmerksamkeit widmet, zu klären. Es war während des Zweiten Weltkriegs. Zwei deutsche Spione, die kein Englisch können, springen über Großbritannien mit dem Fallschirm ab (das ist vorgekommen). Halbverdurstet betreten sie, nach der mühsamen Einübung von *„Two Martinis, please"*, eine Bar. Der Aufgewecktere von beiden bestellt. Leider antwortet der Barmann mit der unvorhergesehenen, wenn auch vorhersehbaren Frage: *„Dry?"* Darauf antwortet der Einfälti-

---

grüner Pullover neben seiner Kleidungsfunktion – wenn Grün die Modefarbe ist, und vielleicht auch, wenn sie es nicht ist – eine soziale Konnotation auslöst. Diese Anwendung ist in der Semiologie häufig, aber auch in der außerliterarischen Ästhetik: zusätzlich zu seiner praktischen Funktion, die (hoffe ich) darin besteht, den Giebel zu tragen, konnotiert die Kolonnade des Panthéon recht klar eine neoklassische Ästhetik.

1 „Langage de connotation et métalangage", *in* Louis Hjelmslev, *Prolégomènes à une théorie du langage* (1943), Paris, 1968; Roland Barthes, „Elemente der Semiologie" (1964), in *Das semiologische Abenteuer*, Frankfurt, 1988.

gere – fatalerweise! –: „*Nein, zwei!*" Sie wissen jetzt, warum Deutschland den Krieg verloren hat.

Was lehrt diese Fabel? Daß die (beinahe) gleiche Lautfolge[1] ein Wort in einer Sprache und ein anderes in einer anderen sein kann, daß also ein Wort (und seine sprachliche Zugehörigkeit) nicht allein durch seine Form definiert ist, sondern genauso durch seine Funktion als „totales Zeichen", das heißt durch die Bindung der Form an den Sinn. Der Laut [draï] ist weder ein deutsches, noch ein englisches Wort: er ist Deutsch, wenn er „drei" und Englisch, wenn er „trocken" bedeutet. Der Laut [lõ] ist kein französisches Wort; ein französisches Wort, das damit auch die französische Sprache konnotieren kann, ist die Verbindung des Lautes [lõ] mit dem Sinn „lang". Anders gesagt, seine französische Konnotation *ergänzt* nicht nur seine denotative Funktion; sie ist vielmehr auf einer zweiten Stufe durch das Abkoppelungsphänomen, das von der Hjelmslevschen Formel (ERC)RC und durch die verschobene Tafel von Barthes illustriert wird, von ihr *abhängig*. Das (totale) Wort *long* ist also hier nicht nur der Träger zweier, sondern von mindestens vier Bedeutungen: diese sind seine Denotation (Länge), der exemplifizierende Wert seines physischen Charakters (Kürze) und die beiden konnotativen Werte ihrer hergestellten Beziehung, nämlich seine Zugehörigkeit zur französischen Sprache und sein „anti-expressiver" Charakter. Man darf nicht, wie es die Umgangssprache mit dem Gebrauch des Terms *Zeichen* tut, den Signifikanten ([lõ]) und das totale Zeichen ([lõ]) = „lang", oder, kurz gesagt, *long*) miteinander verwechseln. Die einfach exemplifikatorischen Werte verbinden sich mit ersterem ([lõ] ist kurz), die konnotativen mit dem zweiten: *long* ist

---

1 Oder Buchstabenfolge: der graphische Signifikant *chat* ist ein Wort im Französischen und ein anderes im Englischen – das Verb *to chat,* „schwätzen" (N. Goodman, C. Elgin, *Reconceptions and Philosophy and Other Arts and Sciences,* London, 1988, S. 58). Oder auf beiden Ebenen zugleich, *rot:* „rot" auf deutsch, „faulen" auf englisch.

französisch. Zur Verdeutlichung noch zwei weitere Beispiele: das Wort *patate* hat als einfacher Signifikant ([patat]) nichts notwendig Vulgäres, denn es kann ganz korrekt ein exotisches Gemüse denotieren; was vulgär ist, ist *patate* für „Kartoffel". Ebenso ist das Wort *coursier* nicht an sich besonders gewählt, denn es kann ganz banal einen Dienstmann bezeichnen; gewählt ist *coursier* für „Pferd". Die Konnotation schließt sich nicht an die Denotation wie ein zusätzlicher Wert oder eine Sinnergänzung an, sondern als *abgeleiteter* Wert, der einzig von der Weise des Denotierens abhängt. So ist sie lediglich *ein* Aspekt der Exemplifizierung – welche wiederum *sämtliche* extradenotativen Werte und also auch alle stilistischen Effekte übernimmt.

Es sind also bei den exemplifikativen Kapazitäten eines sprachlichen Elements diejenigen, die sich mit dem Signifikanten in seiner phonischen oder graphischen Materialität[1] verbinden, von denen zu unterscheiden, die von seiner semantischen Funktion abhängen. Nehmen wir das französische Wort *nuit*, das uns schon begegnet ist und das sich für eine ziemlich repräsentative Analyse anbietet. Auf der ersten Ebene, der des Signifikanten [nui], denotiert es gemäß sprachlicher Konvention die Nacht; ebenfalls auf dieser Ebene exemplifiziert es in phonischer Hinsicht alle seine phonischen Eigenschaften: monosyllabisch zu sein ohne Diärese, mit einem Nasalkonsonant [n] zu beginnen, mit einem aufsteigenden Diphthong [ui] (zusammengesetzt aus einem Halbkonsonant und einem Vordervokal) zu enden, sich mit *luit*

---

1 *Materialität* ist hier im Sinn von *virtueller* Materialität zu verstehen. Der Worttyp *nuit* hat nichts Materielles, es ist sein phonisches oder graphisches Autreten (*token*), das einen bestimmten materiellen Charakter hat. Aber der Geist hat diesen Charakter bei der Erwähnung des Typs vor sich, und im übrigen ist die Erwähnung ein Vorkommen. Außerdem vermittelt auf Grund unserer kulturellen Kompetenz die graphische Präsentation die phonischen Qualitäten: bei der einfachen stummen Lektüre des Wortes *nuit* kann ich den Laut [nui] „hören". Das Umgekehrte ist weniger klar und gilt auch nicht für Analphabeten.

reimen zu können; etc.; in graphischer Hinsicht alle seine graphischen Eigenschaften, darunter die Präsenz einer gewissen Anzahl vertikaler „Grundstriche", die (ich assoziiere frei) imstande sind, einen gewissen Leichtigkeitseffekt zu akzentuieren; und schließlich drückt es, immer noch auf derselben Ebene, aber jetzt durch metaphorische Transposition und kraft einer gängigen Homologie zwischen Vordervokalen und Helligkeit (und ich füge gerne hinzu: Leichtigkeit und Frische) für manche die berühmte und paradoxe Helligkeit aus, die Mallarmé zu beklagen vorgab und die durch den Reim auf *luit* verstärkt werden kann. Auf der zweiten Ebene, der des „totalen Wortes" [nui] = „nuit" exemplifiziert es die Klasse der französischen Wörter, die der Substantive und die der unbelebten femininen Nomina, mit allen affektiven Werten, die mit dieser Sexualisierung verbunden sind – welche wiederum durch das maskuline Geschlecht seines Antonyms *jour* unverhofft verstärkt wird. Diese sexuellen Konnotationen, die einzig in den Sprachen ohne Neutrum, wie dem Französischen, oder denen mit einem kapriziösen Neutrum, wie dem Deutschen, möglich sind, stellen beträchtliche stilistische Potentiale dar; Bachelard hat sie in einem Kapitel von *La Poétique de la rêverie* großartig evoziert.[1]

Ist das alles? Ich glaube nicht, denn ein Wort, das wörtlich alle Klassen, denen es angehört, exemplifiziert, kann darüber hinaus durch Kontiguität (oder indirekte Zugehörigkeit) sehr wohl noch weitere Gruppen, mit denen es auf charakteristische Weise verbunden ist, evozieren. So kann man, ohne allzu viel Anstrengung oder Künstelei, *nuit* als typisch für Racine oder Mallarmé ansehen, etc., und seine relative Frequenz sogar als eine Art stilistischen Index betrachten, so wie man in der Häufigkeit der Hypallagen einen Index des Proustschen Stils sehen kann, oder wie Proust selber im Gebrauch des

---

1 Kap. I, „Le rêveur de mots", Paris, 1965. Zum Paar *jour / nuit,* siehe *Figures II,* S. 101–122.

Imparfait ein typisches Merkmal des Flaubertschen Stils sah. Mir scheint, daß diese Art von Effekten eine von Goodman nicht verzeichnete Kategorie übertragener Exemplifikation illustrieren kann: die der *metonymischen* Exemplifikation. Ich schlage vor, sie den beiden goodmanschen Begriffen der (wörtlichen) *Exemplifikation* und der (metaphorischen) *Expression* unter dem Term *Evokation,* welcher sich, wie mir scheint, ganz natürlich (in einem erweiterten Ballyschen Sinn) anbietet, hinzuzufügen. Wenn, angenommen, *nuit* typisch für Racine ist – das heißt für manche (besonders) Racine evoziert –, dann nicht, weil es buchstäblich diese Eigenschaft besitzt, wie [lõ] die, kurz zu sein, noch, weil es sie metaphorisch besitzt, wie *nuit* die, hell zu sein: es besitzt sie metonymisch durch eine (nehmen wir an) bevorzugte Verbindung mit dem Werk Racines. Aber das will nicht heißen, daß die metaphorische Exemplifikation auf dieser Ebene ganz unmöglich wäre: ein wenig davon lebt in den stilistischen *Imitations*-Effekten, die sich nicht damit begnügen, (beispielsweise) einem Autor eines seiner stilistischen Merkmale zu entnehmen, sondern das Raffinement so weit treiben, solche zu erfinden, die gewissermaßen idealtypisch wären, ohne in dem imitierten Korpus materiell präsent zu sein. So war Proust bekanntlich besonders stolz darauf, in seinem Renan-Pastiche das Adjektiv *aberrant,* das er als „ganz typisch für Renan" ansah, untergebracht zu haben, obwohl Renan es, wie er annahm, nie benutzt hatte: „Wenn ich es in seinem Werk fände, würde das meine Befriedigung, es erfunden zu haben, mindern" – erfunden als typisch Renansches Adjektiv. In diesem Fall würde es sich bloß um ein simples faktisches *Renanem* handeln, während seine Erfindung legitim einen regelrechten *Renanismus* darstellt.[1]

Ich betrachte diese Imitationen ohne Entlehnung in einem

---

1 Siehe *Palimpsestes,* Kap. XIV. Die Bemerkung Prousts befindet sich in einem Brief an Robert Dreyfus vom 23. 3. 1908.

diesmal sehr wenig goodmanschen Sinne als *metaphorisch,* und zwar unter Berufung auf eine typisch analogische Relation: *aberrant* hat (für Proust) „Ähnlichkeit" mit Renan, ohne Renan zu sein. Die stilistische Wichtigkeit dieser Art von Wirkung ist augenfällig: man kann ohne Wahrnehmung seiner *-eme* keinen Stil erkennen, und es ist unmöglich, ihn auf schöpferische Weise nachzuahmen, das heißt ihn lebendig und produktiv zu machen, ohne von der Kompetenz zur Performanz überzugehen, ohne die Fähigkeit also, seine *-ismen* zu erfinden. Jede lebendige Tradition, und damit in weitem Maß jede künstlerische Entwicklung, geht diesen Weg.

Ich sage allgemein *künstlerisch,* weil die hier benutzten Kategorien *mutatis mutandis* für alle Künste gelten – auch wenn es viele *mutanda* fürs *mutare* gibt: die *Jupiter*-Symphonie exemplifiziert (unter anderem) die Gattung Symphonie und die Tonart C-Dur, evoziert (unter anderem) den klassischen Stil und drückt (unter anderem) die Majestät aus; die Kathedrale von Reims exemplifiziert die gotische Kunst, evoziert das Mittelalter und drückt (nach Michelet) „den Hauch des Geistes" aus, etc. Die Imitationseffekte ohne Entlehnung[1] sind allgegenwärtig: etwa wenn Debussy oder Ravel spanische Musik erfinden, oder wenn Cézanne (nach eigenem Bekunden) „Poussin nach der Natur" malt.

Die relativierenden Parenthesen stehen hier nicht, um einen prinzipiellen Skeptizismus zu bekunden, sondern um an den *ad libitum*-Charakter dieser Symbolisierungen zu erinnern: ein Objekt denotiert, was es nach einer Konven-

---

1 Die Grenze zwischen den beiden Verfahrensweisen ist weniger klar als es die Formulierung zeigt. Man kann einen Stil (selbst schöpferisch) nicht imitieren, ohne ihm seine Schemata zu entnehmen und sie auf neue Fälle anzuwenden; und es ist kein Unterschied, wenn man sagt, daß Ravel spanische Musik imitiert, oder daß er ihr melodische und rhythmische Schemata entlehnt.

121

tion denotieren soll, und es kann für jeden von uns, in erstem oder zweitem Grad, die Prädikate, die wir ihm zu recht oder zu unrecht, wörtlich, metaphorisch oder metonymisch beilegen, exemplifizieren, ausdrücken oder evozieren. Ob eine Applikation gerechtfertigt oder falsch ist, tut nichts zum Verfahren, und es entscheidet darüber schwerlich jemand anderes als die allgemeine Meinung. *Guernica* „sinister" zu finden, ist sicher richtiger, aber nicht weniger übertragen (metaphorisch), als es als „schnieke" zu qualifizieren, und *nuit* racinisch zu finden, ist vielleicht richtiger, aber nicht weniger übertragen (metonymisch) als es molièresk oder balzacisch zu finden.

Ich habe gesagt, daß man, wie es Hjelmslev vorschlägt, den Term *Konnotation* für die zweiten Grades durch den Denotationsbezug hervorgebrachten Exemplifikationseffekte reservieren sollte – was *stricto sensu* seinen Gebrauch aus dem Gebiet der Künste ohne denotative Funktion, wie Musik, Architektur oder abstrakte Malerei, ausschließt. Es ist jedoch, noch einmal, unmöglich, seinen erweiterten Gebrauch, der durch die Weise entsteht, wie Mozart die Töne einsetzt, Bramante seine Säulen anordnet oder Pollock seine Leinwände bespritzt, zu unterbinden. Das um so mehr, als jede symbolische Relation auf einer weiteren Stufe unvermeidlich ihren eigenen symbolischen Wert freisetzt, der durchaus als konnotativ, sogar als meta-konnotativ zu bezeichnen ist. Daß der Signifikant [lõ] auf einer ersten Stufe die Kürze exemplifiziert, führt so dazu, daß das Wort *long* auf einer zweiten Stufe seinen „anti-expressiven" Charakter exemplifiziert und so, wie ich sagte, konnotiert. Auf dieselbe Weise, wohlgemerkt, konnotiert *bref* seinen „expressiven" Charakter, etc. Die exemplifikativen Werte der Signifikanten *sind* an sich nicht konnotativ, aber sie *determinieren* konnotative Werte. Jedes sprachliche Element – und also auch jede sprachliche Verkettung – kann jedoch immer als expressiv, als anti-expressiv, oder als neutral angesehen werden, und das allein reicht hin,

noch dem plattesten Diskurs in allen Instanzen eine exemplifikative Potentialität zu geben, welche das Fundament seines
Stils ist. Um es einfacher auszudrücken: über das, was er *sagt*
(denotiert) hinaus *ist* der Diskurs jederzeit dies oder jenes
(zum Beispiel platt wie ein Trottoir); Sartre würde in seiner
Sprache mit Recht sagen, daß die Worte, und also die Sätze,
und also die Texte stets zugleich Zeichen und Dinge sind. Der
Stil ist nichts als diese, nennen wir sie *fühlbare* Seite, die das,
was Jakobson die „Wahrnehmbarkeit" eines Textes nannte,
ausmacht.

Doch diese Beschreibung, so elementar (im eigentlichen
Sinn[1]) sie sein will, muß noch einen weiteren wichtigen
Aspekt der stilistischen Diskursvirtualitäten in Betracht ziehen. Kommen wir auf unser in der Tat unerschöpfliches Wort
nuit zurück. Bis jetzt haben wir es in seiner wörtlichen
denotativen, das heißt seiner einfachen und direkten Funktion, in der, die Nacht zu bezeichnen, untersucht. Doch jeder
weiß, daß zumindest noch eine weitere Anwendungsmög-
lichkeit existiert, die beispielsweise von diesen beiden Versen
Hugos belegt wird:

Ah, Seigneur, ouvrez-moi les portes de la nuit,
Afin que je m'en aille et que je disparaisse

Oder durch diese beiden Verse Racines, die mit beiden Möglichkeiten spielen (Syllepse):

Songe, songe, Céphise, à cette nuit cruelle
Qui fut pour tout un peuple une nuit éternelle

---

1 *Im eigentlichen Sinn*, denn um der Kürze willen habe ich bisher von den
sprachlichen *Elementen* gehandelt (im wesentlichen von den *Worten*),
die auf ihrer Ebene die stilistischen Kapazitäten des Diskurses allgemein
illustrieren sollen, wobei das methodische Postulat darin besteht, daß
das, was für die Elemente, hier *a forteriori* auch für die Gesamtheiten gilt.

Die zweite Möglichkeit, die offensichtlich den Tod bedeutet, arbeitet mit dem, was man gemeinhin eine *Redefigur,* gelegentlich eine Metapher nennt, und was auf typische Weise in den Termen der aristotelischen Analogie definierbar ist: der Tod verhält sich zum Leben wie die Nacht zum Tag.[1] Ausgehend von dieser übertragenen Wertung läßt sich sagen, daß *nuit* im ersten Vers Hugos und im zweiten Racines den Tod *denotiert.* Diese Denotation ist jedoch, im Gegensatz zu den üblichen Postulaten Goodmans und im Einklang mit dem fregeschen Schema, nicht *direkt.* Sie verbindet ein denotierendes Zeichen *nuit* mit einem Denotat „Tod" auf dem Weg über ein erstes Denotat „Nacht", welches hier die Rolle des fregeschen *Sinns* spielt, denn es konstituiert die „Gegebenheitsweise" des Objektes „Tod", so wie „Morgenstern" (was zumeist eine Art Redefigur, eine Periphrase ist) die „Gegebenheitsweise" von Venus ist. Der Umweg der Redefigur über das wörtliche Denotat entspricht genau dem Fregeschen Umweg über den *Sinn:*

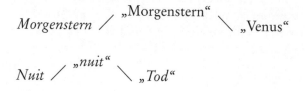

Wobei der spezifische Charakter einer jeden Redefigur durch die logische Relation zwischen den beiden Denotaten gegeben ist, gemäß den Analysen der klassischen Tropenlehre: durch die Analogie in der Metapher, durch die Kontiguität in der Metonymie (*Rock* für „Frau"), die physische (*Segel* für „Schiff") oder logische (*Sterblicher* für „Mensch") Inklusion

---

1 Nicht verwechselt werden darf die Metapher als Redefigur, die eine indirekte Denotation ist (*nuit* für „Tod"), mit der Metapher als Ausdrucksprinzip im Goodmanschen Sinn (*nuit* exemplifiziert metaphorisch die Helligkeit).

in der Synekdoche[1] und ihren prädikativen Varianten Litotes und Hyperbel[2], durch den Widerspruch bei der Ironie.

Diese „Sinnfiguren in einem Wort" (Fontanier), welche die Tropen sind, erschöpfen offensichtlich das Feld der Redefiguren oder indirekten Denotationen nicht, aber sie können durch einen Extensionsprozeß, dessen Prinzip ich der *Rhétorique générale*[3] entnehme, das Modell dafür liefern:

Umfang Ebene	⩽ *Wort*	> *Wort*
Sinn	Metasememe (Tropen)	Metalogismen (Stil- und Gedanken- figuren)
Form	Metaplasmen (Diktions- figuren)	Metataxen (Konstruktions- und Redefiguren)

Diese Tafel läßt, hoffe ich, die beiden Richtungen erkennen, in welchen sich diese Verallgemeinerung des bei den Tropen vorliegenden Sonderfalls auf die Redefiguren allgemein vollzieht. Die horizontale Richtung (von der Stufe des Worts oder Wortsegments bis zu mehr oder weniger großen Wort-

---

1 Zum heterogenen Charakter dieser Klasse, der auf der Zweideutigkeit des Begriffs Inklusion beruht, sowie zu den beiden Modi, dem generalisierenden (*Sterblicher* für „Mensch") und dem partikularisierenden (*Harpagon* für „Geizhals"), siehe M. Le Guern, *Sémantique de la métaphore et de la métonymie*, Paris, 1973, Kap. III.

2 Prädikative Varianten in dem Sinn, daß die Litotes als eine generalisierende Synekdoche auf prädikativer Stufe beschrieben werden kann: *Je ne te hais point* generalisiert „ich liebe dich", denn „lieben" (starke Stufe) ist in „nicht hassen" (schwache Stufe) eingeschlossen. Umgekehrt ist die Hyperbel, in denselben Termen, eine Synekdoche auf partikularisierender Stufe: *Vous êtes génial* für „Sie sind nicht dumm", weil die Genialität ein Sonderfall der Abwesenheit von Dummheit ist.

3 Gruppe μ *Rhétorique générale*, Paris, 1969, S. 33, „Tableau général des métaboles", von mir stark modifiziert.

gruppen[1]) wirft kaum Probleme auf, denn ob ein figuraler Umweg über ein oder mehrere Worte verläuft, ist nur ein nebensächlicher Umstand, der auch nur selten pertinent determiniert ist: die Antiphrase zu „Sie sind ein wahrer Held" kann unterschiedslos lauten „Sie sind ein Feigling", „Sie sind *kein* Held", ja sogar „Sie halten sich wohl für einen Helden" – und in jedem Fall verlagert sich der ironische Akzent ohne Beeinträchtigung des figuralen Sinns von einem Wort auf das andere oder auf den ganzen Satz. Aus einem ganzen Satz besteht auch manch eine traditionelle Metapher: es wäre dumm, „den" metaphorischen Term in einem Sprichwort wie „Man soll den Pflug nicht vor die Ochsen spannen" zu suchen. In einem Fall wie diesem ist es, wie Frege sagt, der ganze Satz, der auf seine figurale Denotation (seinen „Wahrheitswert") – „Man muß der Reihe nach vorgehen" – über den Umweg seiner wörtlichen Denotation hindeutet. Was die „Gedankenfiguren" angeht, so zeigt Fontanier, daß ihr bisweilen angefochtener figuraler Status von der ihnen vom Empfänger beigelegten oder nicht beigelegten Fingiertheit abhängt: eine rhetorische *Frage* („Wer hat dir das gesagt?") ist nur dann eine Redefigur, wenn man sie als Verkleidung einer Negation interpretiert, eine *Überlegung* ist eine Redefigur, wenn man sie als Ausdruck einer bereits getroffenen Entscheidung liest (wie die von Dido im Buch IV der *Äneis*), ein aufrichtiger *Zweifel* jedoch (wie der Hermiones im V. Akt von *Andromaque*) ist keine Redefigur. Dieser *ad libitum* figurale Charakter eignet jedoch nicht nur den Denkfiguren. Stets kann man, wie es Breton bei den Periphrasen von Saint-Pol-Roux tat, die Figur *zurückweisen* und eine Aussage in ihrem wörtlichen Sinn nehmen, ungeachtet der daraus folgenden logischen oder semantischen Unstimmigkeit; und diese Unstimmigkeit ist es offensichtlich, auf die Breton aus ist,

---

1 So ist für Borges seine ganze Erzählung „Funes oder das Gedächtnis" lediglich eine große „Metapher der Schlaflosigkeit".

wenn er *mamelle de cristal* oder *lendemain de chenille en tenue de bal* wörtlich nimmt – diese Aussagen sind „surrealistisch" avant la lettre nur, wenn man ihre figurale Interpretation als „Karaffe" oder „Schmetterling" verweigert. „Stecken Sie Ihren Schmetterling wieder in Ihre Karaffe. Was Saint-Pol-Roux sagen wollte, hat er mit Sicherheit gesagt."[1] Tatsächlich bieten sich für die Redefigur (mehr oder weniger) drei Möglichkeiten der Lektüre an: diejenige, die Breton verwirft, um die seinige zur Geltung zu bringen – und die niemand vertritt –, würde darin bestehen, das wörtliche Denotat umweglos durch das figurale zu ersetzen; diejenige Bretons darin, die Redefigur zugunsten eines surrealistischen „Bildes" zu verleugnen; die der figuralen Interpretation darin, beide Signifikate wahrzunehmen und zu berücksichtigen. Wenn *mamelle de cristal* zweifellos eine Karaffe denotiert und *nuit* manchmal den Tod, dann heißt das nicht, daß die Wirkung, die der Autor durch den Gebrauch von *carafe* und *mort* erzielte, dieselbe wäre. Aber die Diagnose der Figuralität ist niemals unausweichlich, und bisweilen ist sie weit zweifelhafter. Im Fall der Katachrese (Tisch*bein*) kann man, in Ermangelung eines „eigentlichen" Terms, die Metapher als einen erweiterten wörtlichen Sinn auffassen; die negativen Metaphern („Das Leben ist kein Rosenbett") sind nur metaphorisch unter Annahme eines ebenfalls metaphorischen, impliziten („... sondern eher ein Dornenbett") und nicht wörtlichen („... sondern der Zeitabstand, der die Geburt vom Tod trennt") Kontexts[2]; eine große Zahl von Metonymien und Synekdochen (courir le *jupon*, L'or tombe sous le *fer*) legen eine wörtliche Lektüre nahe, etc. Die Figuralität

---

1 *Point du jour,* Paris, 1934, S. 26.
2 Zu den negativen Metaphern, oder den Negationen von Metaphern siehe T. Binkley, „On Truth and Probity of Metaphor", *Journal of Aesthetics and Art Criticism,* 22, 1974; T. Cohen, „Notes on Metaphor", *ibid.,* 34, 1979; M. Beardsley, *Aesthetics,* S. XXV; N. Goodman, *Vom Denken und anderen Dingen,* Frankfurt 1987.

ist also niemals eine objektive Eigenschaft des Diskurses, sondern stets ein Faktum der Lektüre und der Interpretation – selbst wenn die Interpretation offenkundig den Intentionen des Autors entspricht.

Die vertikale Richtung, von den Metasememen zu den Metaplasmen (die Metataxen, wie die Ellipse oder die Inversion, sind nur Erweiterungen auf der Ebene des Satzes) ist in ihrer Wirkung viel schwerer zu analysieren, weil diese „Form"-Figuren – eine Abkürzung wie *prof,* eine Erweiterung wie *sourdingue,* eine einfache Umkehrung wie *meuf* oder eine komplexe wie *louchébem,* eine partielle Substitution wie *Paname* – im Prinzip kein wörtliches Signifikat, das ihrem figuralen Denotat als Relais diente, mit sich führen; der Fregesche Umweg scheint also zu fehlen. In Wirklichkeit existiert dieser Umweg sehr wohl, doch er führt nicht über einen Sinn, sondern über eine Form: nämlich die „korrekte" Form *professeur, sourd, femme, boucher* oder *Paris,* welche die metaplasmische Deformation fast[1] genauso notwendig evoziert, wie *nuit* für „Tod" *nuit* im wörtlichen Sinne. Diese Beschreibung gilt offensichtlich auch für die Metataxen: der Inversionssatz des *Bourgeois gentilhomme* („D'amour, belle marquise ...") vollzieht seine Denotation durch eine implizite Abweichung von der Standardabfolge. Die Denotation durch Metaplasma oder Metataxe ist also indirekt, und die Formfiguren entsprechen dieser Definition ebenso wie die Sinnfiguren.[2] In all diesen Fällen von indirekter Denotation

---

1 *fast:* es sind in der Tat Sprecher denkbar, für die ein formaler Umweg nicht stattfindet, weil die Kenntnis der korrekten Form nicht in ihre Kompetenz fällt – jemand, der nicht weiß, daß eine „meuf" auch eine „femme" ist. Für viele gilt das zweifellos schon für die Abkürzungen *vélo* und *moto.* Doch diese Lexikalisierungen sind symmetrisch zu denen, die manchmal bei Sinnfiguren eintreten, so wenn aus dem vertrauten lateinischen *testa,* was etwa „fiole" entspricht, das französische *tête* wird, das nichts Figürliches mehr hat.

2 Indirekte Denotation ist nicht zu verwechseln mit Konnotation (selbst wenn die indirekten Denotationen, wie die anderen, Konnotationen

(über den Umweg von Sinn oder Form) gilt, daß der indirekte Modus selbst, wie alles, was sich auf dem Weg vom initialen Signifikanten (*nuit, prof*) zum letztlichen Denotat[1] („Tod", „Professor") abspielt, auf einer zweiten Stufe seine Eigenschaften exemplifiziert und also konnotiert. So konnotiert, wenn *nuit* metaphorisch den Tod denotiert, diese Denotationsweise ihre Metaphorizität, allgemeiner ihre Figuralität und nach allgemeiner eine gewisse „poetische Sprache" – so wie *flamme* für „Liebe", eine klassische Metapher, zugleich seine Metaphorizität und die klassische Diktion konnotiert (aber nicht *flamme* für „Flamme"); *patate* für volkstümliche „Kartoffel" (aber nicht für „patate"), eine populäre Metapher, konnotiert zugleich seine Metaphorizität und das Register; *sourdingue,* ein familiärer Metaplasmus, zugleich seinen metaplasmischen Charakter und seine Familiarität, etc. Auf ihre sehr spezifische, aber bekanntlich omnipräsente Art ist

---

auslösen). Dies unterläuft, wie mir scheint, Umberto Eco (*A Theory of Semiotics,* Bloomington, 1976, S. 57; cf. S. 87 und 127), für den Konnotation dann vorliegt, wenn das Signifikat eines ersten Systems zum Signifikanten eines zweiten wird. Das gilt für Redefiguren (das Signifikat „Nacht" wird zum Signifikanten für „Tod"), aber nicht für Konnotationen, bei denen es die Gesamtheit des ersten Systems ist, die ein zweites Signifikat auslöst (es ist die Relation *kurz*-für-„kurz", welche die Expressivität konnotiert).

1 Ich sollte wohl strenger sagen „zum letzten Signifikat, welches das Denotat ist". Der einfachste semiotische Weg geht von einem Signifikaten zu einem Signifikat, vom Signifikat („Begriff" nach Saussure; „Sinn" nach Frege) zum Denotat oder Referent, der die Applikation oder Extension dieses Begriffs ist: vom Signifikanten *Morgenstern* zum Begriff Morgenstern und von diesem zum Planeten Venus. Der Unterschied zwischen Signifikat und Referent hat, wie mir scheint, nicht den ontologischen und absoluten Charakter, den man manchmal annimmt: es handelt sich eher um relative Positionen auf einem Weg, der stets abgekürzt (wenn man bei „Morgenstern" haltmacht, ohne zu fragen, um welchen Stern unseres Sonnensystems es sich handelt) oder verlängert (wenn der Planet Venus selbst als Symbol für etwas anderes funktioniert) werden kann. Der Referent hat dem Signifikat keinesfalls das Privileg der (materiellen) Realität voraus, denn es gibt imaginäre Referenten: Der Signifikant [Fisdepélé] hat als Signifikat „Sohn des Peleus", welches als Referenten Achilles hat. Barthes sagte auf seine Weise, daß die Denotation die „letzte der Konnotationen" ist (*S/Z,* Paris, 1970, S. 16).

auch die Redefigur (wie die wahrnehmbaren Eigenschaften des phonischen oder graphischen Signifikanten, wie die sprachlichen Evokationseffekte, etc.) eine Crux der denotativen Transparenz, einer jener relativen Trübungseffekte, die zur „Wahrnehmbarkeit" des Diskurses beitragen.[1]

Die Omnipräsenz ist umso größer, als die Figuralitätsdiagnose auf Grund ihrer Relativität sich auf jede beliebige Rede beziehen kann. Auf einem derartig überdüngten Feld kann die Verweigerung als ein Effekt *a contrario* funktionieren, und man kann unterschiedslos als Redefigur identifizieren; beispielsweise ein Asyndeton (dort, wo man eine Verbindung erwartete) und sein Gegenteil, etwa eine Verbindung, da wo ein Asyndeton stehen könnte. Die klassischen Rhetoriken begrüßten als eine großartige Hypotypose die vier Verse

> *Mon arc, mon javelot, mon char, tout m'importune,*
> *Je ne reconnais plus les leçons de Neptune,*
> *Mes seuls gémissements font retentir les bois,*
> *Et mes coursiers oisifs ont oublié ma voix.*

in welchen Hippolyt bei Racine entwickelt, was er bei Pradon trocken in einem einzigen sagt (ich zitiere aus dem Gedächtnis):

> *Depuis que je vous vois j'abandonne la chasse.*

Doch abgesehen von jeder ästhetischen Wertung lassen

---

1 Ich behaupte übrigens nicht, das Inventar dieser Effekte hier erschöpft zu haben. Zumindest wären ihm noch die intertextuellen Anspielungen (Riffaterre) hinzuzufügen, die den Leser auffordern, zugleich mit dem Text, den er vor Augen hat, den, dem dieser eine Wendung oder ein Element entnimmt, wahrzunehmen. Auch hier ist der Umweg in verschiedenem Maß verpflichtend. Wenn Diderot schreibt: „Das Leichentuch macht nicht den Toten", muß man, um den Sinn dieses Satzes zu erfassen, nicht unbedingt an das zugrundeliegende Sprichwort denken (wohl aber, wenn man seine Würze schmecken will). Doch wer könnte ohne Kenntnis der Fabel ein Urteil verstehen wie: „Untel est aussi cigale que son père est fourmi"? Ich erinnere daran, daß die klassische Rhetorik die Anspielung zu den Redefiguren zählte.

130

sich die Racineschen Verse ebensogut als ein getreues und
wörtliches Bild der Verwirrung des Helden lesen, und der
Pradons als eine kühne Verdichtung, die man beispielsweise
als *Lakonismus* werten könnte. Wenn, einfacher gesagt, der
klassische Diskurs *amour* (statt *flamme*) und *cheval* (statt
coursier) benutzt, so kann diese bemerkenswerte Nicht-Um-
schreibung als ein kraftvoller *Literalismus* gelten, was selbst
wieder einen recht hübschen Namen für eine Redefigur ab-
gäbe. Damit ist nicht gesagt, daß jedes Diskurselement übertragen sein müßte, sondern nur, daß je nach den Kontexten
und Rezeptionstypen ein jedes als wörtlich oder als übertragen angesehen werden kann. Ihr weitgehend konditionaler
oder attentionaler Charakter macht die Figuralität[1] – wie man
schon immer wußte – zu einem vollendeten Emblem des Stils.

Der Stil besteht also aus der Gesamtheit der vom Diskurs
exemplifizierten rhematischen Eigenschaften, auf „formaler"
Ebene (das heißt tatsächlich auf materieller) aus phonischem
oder graphischem Material, auf sprachlicher Ebene aus dem
direkten Denotationsbezug und auf figuraler Ebene aus dem
der indirekten Denotation. Eine solche Definition hat, hinreichend oder nicht, gegenüber der Ballyschen Tradition den
Vorteil, daß sie das exorbitante Privileg einschränkt, das diese
einerseits der mimetischen „Expressivität" einräumt, die hier
auf den sehr speziellen Fall der „Autoreferenz", der nicht
mehr und nicht weniger pertinent ist als der umgekehrte,
zurückgeführt wird; und andererseits dem angeblich „affektiven" Charakter der stilistischen Fakten: die exemplifikatori-
sche Seite des Diskurses (was er *ist*) ist an sich nicht affektiver
oder emotionaler als die denotative (was er *sagt*), sondern

---

1 Bei aller Liebe zum Relativismus läßt sich das allerdings nicht von *allen*
Diskursaspekten sagen: *long* ist bedingungslos monosyllabisch, und
ombre reimt sich zweifellos mit *sombre*.

einfach *immanenter* und damit zweifellos von einer weniger abstrakten und „fühlbareren" Wahrnehmbarkeit. Die Weise, wie *bref* kurz ist, ist sicherlich natürlicher und konkreter als die, wie es die Kürze bezeichnet. Auch sollte man nicht zu schnell extrapolieren: die Konnotationen sprachlicher oder indirekt-figuraler Art sind bisweilen genauso konventionell wie die denotativen Werte und demselben Lernprozeß unterworfen. Daß *patate* volkstümlich ist und *nuit* sich auf den Tod bezieht, muß man durch die Praxis gelernt haben, und nur unter dieser Voraussetzung kann man auskosten, daß das eine ein Milieu „evoziert" oder das andere „bildlich" ist. Eine exemplifikative Definition des Stils hat also, wie mir scheint, den Vorteil, ihn von affektivistischem Blendwerk zu reinigen und ihm so seine begriffliche Nüchternheit zurückzugeben.

Die traditionelle Definition hatte jedoch noch einen weiteren, offensichtlich mit dem ersteren verbundenen Nachteil, welcher sich (implizit, denn sie hält sich kaum mit Definitionen auf) in der Praxis der literarischen Stilistik illustriert findet: nämlich den einer *diskontinuierlichen* Stilkonzeption; der Stil besteht aus einer Reihe von punktuellen Einzelheiten, die an einem sprachlichen Kontinuum (dem Text) aufgereiht sind wie die Kiesel des kleinen Däumlings – und die es als in gewisser Weise autonome „stilistische Fakten" oder „stilistische Merkmale"[1] zu interpretieren gilt. Welches auch die (beträchtliche) Distanz sein mag, die ihre Interpretation des

---

[1] Die Terme stilistischer *Fakt* und stilistisches *Merkmal* (oder auch, bei G. Molinié, *stylème*) werden oft als Synonyme gebraucht. Mir scheint jedoch eine Unterscheidung zwischen dem Stil*faktum,* das ein rekurrentes oder nicht rekurrentes Ereignis in der syntagmatischen Kette ist (beispielsweise ein Bild), und dem stilistischen *Merkmal,* das eine paradigmatische Eigenschaft mit der Fähigkeit zur Charakterisierung eines Stils (etwa, bildlich zu sein) ist, nützlich zu sein. Nur das erstere „trifft" man; das zweite wird ausgehend vom Vorkommen des ersteren konstruiert (so wie der Zorn ein Faktum ist, jähzornig zu sein dagegen ein Merkmal). Die von mir kritisierte Stilkonzeption definiert den Stil durch eine diskontinuierliche Serie von Stilfakten, zwischen denen es nichts Stilistisches geben soll. Was die Charakteristik eines Stils durch eine

Stils[1] und auch ihre Forschungsmethoden[2] trennt, so haben doch der Spitzer der *Stilstudien* und der Riffaterre der *Strukturalen Stilistik*[3] zum Beispiel dieselbe atomistische Sicht gemeinsam, in welcher der Stil als eine Sammlung signifikativer *Details* (Spitzer) oder markierter *Elemente* (Riffaterre) erscheint, die gegen einen „nicht markierten" Kontext kontrastieren, einen banal sprachlichen Hintergrund, vor dem sich die in gewisser Weise exzeptionellen stilistischen Effekte abheben würden. Die Interpretation wird sich dann damit befassen, sie *untereinander* in einer psychologischen (Spitzer) oder pragmatischen (Riffaterre) Konvergenz zu verbinden, welche ihre Autonomie gegenüber dem diskursiven *Kontinuum*, statt sie abzuschwächen, noch hervorhebt.

Eine solche Konzeption scheint mir verfehlt, und zwar aus

Ansammlung oder ein Bündel von Merkmalen betrifft, so ist sie so evident, daß an ihr nie Zweifel bestanden haben.

1 Die Spitzersche Interpretation ist im wesentlichen kausalistisch. Die Gesamtheit der charakteristischen stilistischen Merkmale eines Individuums, einer Gruppe oder einer Epoche bezieht sich wie ein im allgemeinen unbewußtes Symptom auf ein psychologisches *etymon*, das in gewissen thematischen Merkmalen seine Bestätigung findet. Riffaterres Interpretation ist finalistisch, ja voluntaristisch: das Stilfaktum ist immer bewußt und organisiert, ist ein Instrument, um auf die Aufmerksamkeit des Empfängers *Zwang* auszuüben. Für Spitzer ist der Stil ein erhellender *Effekt;* für Riffaterre eine wohlüberlegte *Funktion.* Und trotz der Entwicklung, die sein Gegenstand und seine Methode inzwischen erfahren haben, findet man noch in seinem neuesten Werk einen Satz wie diesen: „Man sollte den Idiolekt vom Stil unterscheiden, denn jener hängt nicht von der Intention ab und kann keine ästhetische Wertung begründen wie dieser" (*Fictional Truth*, Baltimore, 1990, S. 128).

2 Die Spitzers ist rein intuitiv; das „Auffällige" bestätigt sich zusätzlich in einem Hin und Her zwischen Einzelheit und Gesamtheit. Die Riffaterres umgibt sich stärker mit technischen Garantien, wobei jeder stilistische „Stimulus" sich in der statistischen Antwort eines kollektiven „Urlesers" zeigt.

3 Spitzer, *Stilstudien*, Darmstadt, 1961. M. Riffaterre, *Strukturale Stilistik*, München, 1973 (Paris, 1971). Diese beiden Autoren werden hier als die Vertreter der beiden Extreme eines Spektrums angeführt, dessen mittlere Positionen von oftmals weniger kohärenten oder eklektischeren Praktiken eingenommen werden.

einem Grund, der andeutungsweise schon sichtbar wurde, als wir darauf stießen, daß das Figuralitätsbewußtsein umkehrbar ist, und der auf dem Bedeutungswert des Nullpunkts beruht. Sicherlich ist die Wahrnehmbarkeit der exemplifikativen Seite eines Textes entsprechend den Lesern und den „Punkten" (Riffaterre) des Textes variabel, und es ist unbestreitbar, daß, selbst statistisch, gewisse Elemente stärker markiert sind als andere – vor allem für ein kulturelles Milieu, in dem man sich seit mehreren Generationen an der Vorstellung orientiert, daß der Stil eine Angelegenheit von Markierungen und Elementen ist. Aber die atomistische oder punktualistische Konzeption steht zum einen sehr in Gefahr, in der Bestimmung der markierten Elemente auf gewisse Schwierigkeiten zu stoßen, andererseits und vor allem in der, sei es auch wider Willen, eine manieristische Ästhetik zu favorisieren, welche als den bemerkbarsten und bemerkenswertesten Stil den, der am stärksten mit stilistischen Markierungen beladen ist, ansieht. Diese Kritik hat Henri Meschonnic formuliert, für den eine solche Stilistik dazu führt, daß man aus „Jean Lorrain den größten Schriftsteller macht", die „artistische Schreibweise" bevorzugt und das „Schöne mit dem Fremdartigen und Bizarren" identifiziert.[1] In seinem Vorwort zur *Strukturalen Stilistik* weist Daniel Delas diesen Einwand zurück, mit dem Hinweis, die Sättigung beseitige den Kontrast, und zuviel Stil sei also der Tod des Stils. Doch damit ist zugleich anerkannt, daß der so definierte Stil etwas wie eine zusätzliche Würze bedeutet, deren Dosierung heikel ist und die man sich vor allem auch fehlend denken könnte – ein Fehlen, welches das rein denotative Funktionieren des Diskurses in seiner Nacktheit erscheinen ließe. Diese Vorstellung nimmt zwischen Sprache und Stil eine Trennbarkeit an, die für mich so unannehmbar

---

1 *Pour la poétique*, Paris, 1970, S. 21.

ist wie für Saussure die von Vorder- und Rückseite eines
Blatts Papier. Der Stil ist die wahrnehmbare Seite des Diskurses, die ihn überall, ohne Unterbrechung oder Fluktuation,
begleitet. Was fluktuieren kann, ist die perzeptuelle Aufmerksamkeit des Lesers und seine Empfindlichkeit für diesen
oder jenen Wahrnehmbarkeitsmodus. Kein Zweifel, daß ein
sehr kurzer oder sehr langer Satz die Aufmerksamkeit unmit-
telbarer auf sich zieht als ein mittelgroßer, ein Neologismus
eher als ein Standardwort, eine kühne Metapher eher als eine
banale Beschreibung. Aber der mittelgroße Satz, das Standardwort, die banale Beschreibung sind nicht weniger „stilistisch" als die anderen; *mittelgroß, standard, banal* sind nicht
minder als andere stilistische Prädikate; und der von dem
Barthes des *Nullpunkt* so geschätzte neutrale oder fade Stil,
die „weiße Schrift", ist ein Stil wie andere. Das Fade ist ein
Geschmack und Weiß ist eine Farbe. Es gibt in einem Text
keine Wörter oder Sätze, die stilistischer wären als andere; es
gibt zweifellos „fappantere" Momente (das Spitzersche *Auffällige*), die wohlgemerkt nicht für alle dieselben sind, doch die
anderen sind *a contrario* frappant eben wegen der bemerkens-
werten Abwesenheit frappanter Momente, denn der Begriff
des Kontrasts oder der Abweichung ist eminent umkehrbar.
Es gibt also nicht den Diskurs plus den Stil, und so wenig es
den Diskurs ohne Stil gibt, gibt es den Stil ohne Diskurs: der
Stil ist der Aspekt des Diskurses, eines welchen auch immer,
und die Absenz von Aspekt ist ein eindeutig sinnleerer Begriff.

Daraus, daß jeder Text „Stil hat", folgt offensichtlich, daß der
Satz „dieser Text hat Stil" eine Tautologie ohne Interesse ist.
Von einem Stil läßt sich sinnvoll nur sprechen, um ihn zu
qualifizieren: „Dieser Text hat *diesen* Stil" (und die Tautolo-
gie „dieser Text hat Stil" beinhaltet in Wirklichkeit immer die
Wertung: „ich liebe [oder verwerfe] den Stil dieses Textes").

Aber man kann was auch immer nur qualifizieren, indem man ihm ein oder mehrere Prädikate beilegt, die es notwendig mit anderen teilt: qualifizieren heißt klassifizieren. Zu sagen: „der Stil dieses Textes ist erhaben, graziös, undefinierbar oder von niederschmetternder Plattheit" heißt, ihn in die Kategorie von Texten einzuordnen, deren Stil erhaben oder graziös ist, etc. Selbst der am radikalsten originelle Stil kann nicht ohne die Konstruktion eines allen seinen charakteristischen Merkmalen gemeinsamen Modells (des spitzerschen *etymon*) identifiziert werden: „Ohne die Rekurrenz der Lektüre, das heißt ohne Memorisierung von Parallelen und Kontrasten, kann es die Wahrnehmung der Originalität einer Schrift nicht geben."[1] Die stilistischen Qualifikationen sind also niemals rein immanent, sondern stets transzendent und *typisch*. Wie winzig das betreffende Corpus auch immer sein mag – so gibt es beispielsweise nicht nur einen Stil Flauberts im allgemeinen, nicht nur der *Trois Contes* im allgemeinen, sondern auch für jede einzelne dieser Erzählungen –, die Identifikation und die Qualifikation dieses Stils wird durch ein Kompetenzmodell determiniert, das fähig ist, eine unendliche Zahl von ihm konformen Seiten hervorzubringen. Die Möglichkeit der Nachahmbarkeit beweist in gewisser Weise die Verallgemeinerbarkeit einer jeden Idiosynkrasie: die stilistische Singularität besteht nicht in der numerischen Identität eines Individuums, sondern in der spezifischen eines Typs, der möglicherweise keinen Vorgänger hat, aber für eine Unendlichkeit von weiteren Anwendungen zur Verfügung steht. Eine Singularität beschreiben heißt in gewisser Weise, sie durch Multiplizierung zu vernichten.

Diese unvermeidliche Transzendenz der Beschreibung ist es, die Nelson Goodman als definitorisches Merkmal des Stils

---

1 Delas, Vorwort zu *Strukturale Stilistik*.

im allgemeinen instituiert, so wenn er schreibt: „Ein stilistisches Merkmal ist ein von einem Werk exemplifiziertes
Merkmal, das dessen Einreihung in signifikative Gesamtheiten (*bodies*) von Werken erlaubt."[1] Diese Definition bringt
ein oder zwei Nachteile mit sich, deren einer von Goodman
selbst korrigiert wird: wenn eine Gesamtheit von Werken
„signifikativ" sein soll, dann muß es, als eigentlich ästhetisches, das heißt am „symbolischen Funktionieren" des Werks
teilhabendes, auch das exemplifizierte Merkmal sein. Wenn
zum Beispiel der Anteil der Worte, die an zweiter Stelle im
Satz mit einem Konsonant beginnen, überdurchschnittlich
ist, dann ermöglicht das zwar die Einreihung eines Textes in
eine Klasse (die der Texte, in denen der Anteil, etc.), aber
diese Klasse ist nicht „signifikativ", weil dieses Merkmal nicht
ästhetisch signifikativ und also nicht stilistisch ist.[2] Die
Grenze ist jedoch nicht immer so leicht zu ziehen, und die
Produktionen des Oulipo* tendieren eher dahin, zu zeigen,
daß keine Art von Zwang *a priori* ästhetisch bedeutungslos
ist. Diese Zurechnung ist wie die anderen relativ und hängt
zumindest vom kulturellen Kontext ab.

Daß ein Stil immer virtuell typisch ist für eine „Gesamtheit", sagt uns noch nicht, für *welche* Gesamtheit, noch auch
für welche *Art* von Gesamtheit. Bekanntlich bevorzugt die
literarische Stilistik, mindestens seit dem neunzehnten Jahrhundert, die individuelle Referenz auf die Person des Autors,

---

* Oulipo: *Ouvroir de la littérature potentielle* (Werkstatt für potentielle
Literatur). Literarische Gruppe,1960 unter Mitarbeit von François Le
Lionnais und Raymond Queneau in Paris gegründet (Anm. d. Übers.)
1 *Vom Denken und anderen Dingen*, S. 187. Das Wesentliche der Goodmanschen Gedanken zum Stil (abgesehn von dem, was sich, wie ich getan
habe, aus *Sprachen der Kunst* extrapolieren läßt) findet sich im Kapitel
„Der Status des Stils" von *Weisen der Welterzeugung*, Frankfurt, 1984,
und in dem Kapitel „On Being in Style" von *Vom Denken und anderen
Dingen* welches auf die Kritiken an ersterem antwortet. Der Begriff
Merkmal wird hier in dem von mir empfohlenen Sinne gebraucht.
2 *Weisen der Welterzeugung*, Frankfurt 1984.

so daß der Stil also mit einem Idiolekt gleichgesetzt wird. Roland Barthes[1] hat diese Referenz zum Motiv einer Opposition zwischen *Stil* und *Schrift* gemacht, wobei der letztere Term jede beliebige transindividuelle Referenz zu übernehmen hat. Überdies trieb er die kausalistische (Spitzersche) Interpretation des Stils ins Extrem; dieser gilt als das rohe Produkt „eines Wachstums, nicht einer Intention", als ein „Phänomen von der Art des Keimens", als die „Umwandlung eines Saftes", kurz als ein Fakt biologischer Art: der Stil ist nicht mehr die Spitzersche Seele, er ist der Körper. Symmetrisch dazu wurde die Schrift als wesentlich intentional dargestellt, als Effekt einer Wahl und eines Engagements, als Ort einer sozialen und ethischen Funktion. Sicher ist von diesen forcierten Antithesen einiges zurückzunehmen: auch in den allereigentümlichsten Aspekten des Stils findet sich Wahl, Anstrengung und bisweilen Pose, und in den Anzeichen einer Zugehörigkeit zu diesem oder jenem Soziolekt umgekehrt sicher manche ungewollte Determiniertheit – etwa, unter anderem, als Epochen-, Klassen-, Gruppen- oder Gattungsstil.

So wie die moderne Kritik den Akzent auf die individuellen und manchmal auf die sozio-historischen Aspekte gelegt hat, so hat aus einsichtigen Gründen sich die klassische Kritik mehr für die Gattungszwänge interessiert: von Horaz bis Boileau oder Chénier nehmen diese in den Poetiken den wichtigsten Platz ein, und das nicht von ungefähr, wenn man die einfache Tatsache bedenkt, daß die griechische Dichtung das lyrische Register (das dem dorischen Dialekt zufiel) vom dramatischen (das dem attischen gehörte) und epischen (das der „homerisch" genannten Mischung aus Jonisch und Äolisch eigen war) nach eigentlich sprachlichen Kriterien unterschied. Das charakteristischste Modell dafür war jahrhundertelang das berühmte „Rad des Vergil", das im Mittelalter

---

1 *Am Nullpunkt der Literatur,* Hamburg, 1959.

ausgehend von den Kommentaren Servius' und Donats geschaffen wurde und das ein ganzes Repertoire von Eigennamen und typischen Termen auf die drei Stile (edel, mittel,
familiär) verteilt, welche die drei Gattungen (episch in der
Aeneis, didaktisch in den *Georgica*, bukolisch in der Sammlung gleichen Namens), denen die Werke dieses Dichters
angehören, illustrieren. Ich übertrage hier dieses scheibenar-
tige Schema[1] in eine Tafel mit zwei Achsen, so wie ich es für
zweckmäßig halte:

Merkmal / *Ebene*	*Humilis* (Bucolica)	*Mediocris* (Georgica)	*Gravis* (Aeneis)
Baum	Fagus	Pomus	Laurus
Ort	Pascua	Ager	Castrum
Werkzeug	Baculus	Aratrum	Gladius
Tier	Ovis	Bos	Equus
Name	Tityrus	Triptolemus	Hector
Beruf	Pastor otiosus	Agricola	Miles dominans

So schematisch sein Prinzip auch ist, das (zum Raster gewordene) Rad des Vergil hat das Verdienst, zugleich auf eine
generische Kategorie (die drei Gattungen) und auf eine individuelle Determination (Vergil) zu verweisen und derart
den unvermeidlich multiplen Charakter der Transzendenz
stilistischer Qualifizierungen zu illustrieren. „Die meisten

---

1 Siehe Guiraud, *La Stylistique*, S. 17. Ich habe in dieser Tafel die lateini-
schen Worte beibehalten, denn es sind Worte. Die drei Bäume sind die
Buche, der Apfelbaum und der Lorbeerbaum; die drei Orte sind die
Wiesen, die Felder und das Lager; die drei Werkzeuge der Hirtenstab,
der Pflug und das Schwert; die drei Tiere das Lamm, das Rind und das
Pferd; die drei Berufe der müßige Hirte, der Bauer und der herrschende
Soldat.

Werke", bemerkt Goodman weise, „illustrieren mehrere Stile
zugleich, von variabler Spezifik, die sich verschieden aufglie-
dern: ein Bild kann gleichzeitig im Stil Picassos sein, im Stil
von dessen blauer Periode, im französischen Stil, im westli-
chen Stil, etc."[1] Über jede dieser Bezeichnungen kann disku-
tiert werden, und die Zurechnungen sind relativ – sagte der
Zöllner Rousseau nicht zu Picasso: „Wir sind die größten
beiden lebenden Maler, ich im modernen und du im ägypti-
schen Stil?" Unbestreitbar ist aber, daß ein Werk stets mehrere Stile zugleich illustriert, denn es verweist immer auf
mehrere „signifikative Gesamtheiten": seinen Autor, seine
Epoche, seine Gattungszugehörigkeit oder deren Fehlen, etc.
– Gesamtheiten, von denen manche die Grenzen der betreffenden Kunst überschreiten: Prädikate wie *klassisch, barock,
romantisch, modern, postmodern* haben eindeutig einen trans-
artistischen Anwendungsbereich. Diejenigen Geister, denen
jede Taxinomie zuwider ist, finden vielleicht in dieser Vielfäl-
tigkeit und Relativität einen gewissen Trost. Man klassifiziert
immer – um einen berühmten Satz von Lévi-Strauss umzukeh-
ren –, doch jeder wie er kann, und manchmal wie er will; und
Picasso muß wohl „irgendwo" etwas Ägyptisches haben.

Zweifellos ist es aufgefallen, daß die adaptierte Vergilsche
Tafel die drei „Stile" mit Merkmalen versieht, die genausogut
als *thematisch* zu qualifizieren wären. *Equus, Ovis, Bos* sind
nicht drei verschiedene Worte zur Bezeichnung desselben
Tiers (wie *cheval* und *coursier*), sondern die Namen von drei
verschiedenen Tieren, deren jedes emblematisch ist für eine
Gattung. Diese sehr weitherzige Anwendung des Stilbegriffs
verweist bereits auf eine von uns bisher vernachlässigte Eigenart der Goodmansche Stildefinition. Für Nelson Goodman ist, ich erinnere daran, ein stilistisches „ein durch das
Werk exemplifiziertes Merkmal, das erlaubt, das Werk in

---

1 *Vom Denken und anderen Dingen, S. 191–192.*

signifikative Gesamtheiten von Werken einzureihen." Selbst wenn der von diesen Merkmalen erforderte ästhetische Charakter festgemacht ist, gibt es in dieser Definition des Stils nichts, was Elemente, die wir gewöhnlich als thematisch bezeichnen, ausschließen würde – sei es beispielsweise, daß ein Historiker sich mehr für bewaffnete Konflikte als für den sozialen Wandel interessiert[1], oder daß ein Romancier lieber von der Liebe als von Geldnöten erzählt. Ich kann Goodman in seiner manchmal haltlosen Argumentation gegen den Gedanken, daß der Stil in der *Weise* des Denotierens liegt, nicht folgen.[2] Das Argument beispielsweise, daß Stil auch in nicht denotierenden Künsten, wie in der Musik und in der Architektur, vorhanden ist, scheint mir lediglich zu beweisen, daß, wie schon gesagt, der Stil ganz allgemein in der Weise liegt, zu tun, was man tut – und das ist, Gott sei Dank, nicht immer denotieren, sondern genauso, beispielsweise, den Pinsel, den Violinbogen, den Tennisschläger oder die Frau fürs Leben nehmen. Doch es ist nun mal so, daß man in der Sprachkunst denotiert. Und Goodmans Polemik gegen das Wie hindert ihn, zu sehen oder anzuerkennen, daß von Schlachten oder ökonomischen Krisen zu erzählen sehr wohl zwei *Weisen* sind, wie von einer Epoche gehandelt werden kann. Es ist, als ob er um jeden Preis seiner eigenen (für mich zutreffenden, aber zu allgemeinen) These, daß der Stil immer typisch ist, den Weg ebnen wolle. Und wie mitgerissen von seinem eigenen Elan verfällt er auf die Vorstellung, alles Typische sei auch stilistisch, so als wäre diese notwendige Bedingung schon hinreichend.

Mir scheint diese Definition etwas zu weit, um zweckmäßig zu sein. Besser nähme man an, daß von den typischen Kennzeichen, „die es erlauben, ein Werk in signifikative Gesamtheiten einzuordnen", die eigentlich stilistischen dieje-

---

1 *Weisen der Welterzeugung.*
2 *Ibid.*

nigen sind, die mehr mit den Eigenschaften des Diskurses als mit denen seines Objekts verbunden sind. Goodman nähert sich übrigens dieser Position mehr, als er anscheinend merkt; er polemisiert gegen den Begriff der Synonymie und gegen die Vorstellung, der Stil beruhe auf der Möglichkeit, dieselbe Sache auf verschiedene Weisen zu sagen, und bemerkt bei dieser Gelegenheit, daß umgekehrt „sehr verschiedene Dinge auf *dieselbe Weise* gesagt werden können – zwar nicht von demselben Text, aber von mehreren Texten, die gewisse Merkmale, die einen Stil definieren, gemeinsam haben."[1]

Jedenfalls stimmt es, daß sich viele „Diskurs-Eigenschaften" bald als thematisch, bald als stilistisch verstehen lassen, je nachdem, ob man sie als Zweck oder als Mittel behandelt. Wenn ein Musiker im Lauf seiner Karriere eine Vorliebe für die Komposition von Kantaten oder ein Maler eine Vorliebe für Landschaftsbilder zeigt, so läßt sich das insofern als stilistisch ansehen, als es eine Weise, Kunst zu praktizieren, darstellt. Wenn jedoch bei einem Wettbewerb, etwa für den Rompreis, die Komposition einer Kantate oder ein Landschaftsbild als Aufgabe gestellt wird, dann wird dieses Merkmal nicht als typisch (es sei denn für den Rompreis selbst), also nicht als stilistisch gelten können, und man wird sich, um den Stil dieses Musikers oder Malers zu identifizieren, ausschließlich an die formalen Eigenheiten dieser Kantate oder dieses Bildes (etwa serielle oder kubistische Technik) halten müssen. Und wenn umgekehrt die serielle oder kubistische Technik als Bedinging gefordert wäre, so wäre die Entscheidung, sie an einer Kantate oder einer Landschaft zu erproben statt an einer Sonate oder einem Stilleben, als eine stilistische Entscheidung zu werten. Dieselben Umkehrungen sind offensichtlich auch auf literarischem Gebiet möglich: die Entscheidung eines Historikers, lieber von Schlachten zu erzählen als Krisen zu analysieren, kann kaum als stilistisch gelten,

---

1 *Ibid.* S. 40 (Hervorhebung von mir).

wenn das gegebene Thema (beispielsweise durch ein akademisches Programm oder eine Buchreihe) „Militärgeschichte" lautet. In der Verkettung von Mitteln und Zwecken verbindet sich der Stilbegriff also in stets relativer Weise mit dem, was ein Mittel im Verhältnis zu einem Zweck, ein Wie im Verhältnis zu einem Was ist – wobei das Objekt eines Wie immer zum Wie eines neuen Objekts werden kann. Und man kann auch annehmen, daß das letzte Ziel eines Künstlers stets die Durchsetzung seines Stils ist.

Im Gegensatz zu Goodmans Prinzip (mehr als zu seiner stärker empirischen Praxis) scheint mir das Kriterium der Manier, eben auf Grund seiner Relativität und Umkehrbarkeit, für die Bestimmung des Stils sehr nützlich zu sein. Offenkundig benötigen wir jedoch, in der Literatur wie auch sonst, neben dieser weiten Definition („Eigenschaften des Diskurses") eine engere, die die Stilistik von der Thematik und selbst manchen anderen rhematischen Charakteristika unterscheidet – so den narrativen Techniken, den metrischen Formen oder der Kapitellänge. Ich werde also den Term *Stil* in diesem eingeschränkten Sinn eines Konzepts mit variabler Geometrie für diejenigen formalen Eigenschaften des Diskurses reservieren, die sich auf der Ebene der eigentlich sprachlichen Mikrostrukturen, das heißt des Satzes und seiner Elemente, manifestieren – oder, wie es Monroe Beardsley in einer auf alle Künste anwendbaren Unterscheidung formuliert, auf der Ebene der *Textur* statt auf der der *Struktur*.[1] Die umfassendsten Formen der Diktion gehören zu einem stabileren und zweifellos (ich komme darauf zurück) konstitutiveren und weniger attentionellen Organisationsmodus. Um es in klassischen Begriffen zu sagen, der Stil wirkt sich auf

---

1 *Aesthetics*, S. 168–181. Auch die Formel von Molinié (*La Stylistique*, S. 3), welche die Stilistik als „die Untersuchung der sprachlichen, formalen Bedingungen der Literarität" definiert, scheint mir zu weit: für mich gehören manche dieser formalen Bedingungen, wie die metrischen oder narrativen Formen, mindestens *stricto sensu* nicht zum Stil.

spezifische Weise weder auf der Ebene der thematischen *Invention,* noch auf der der gesamtheitlichen *Disposition,* sondern auf der der *Elokution* aus, das heißt auf der des sprachlichen Funktionierens.[1]

Diese, im übrigen allgemein geläufige, niveaumäßige Spezifikation führt, wie mir scheint, zu einer Erweiterung des Anwendungsbereichs in Bezug auf das, was in der Formel von Goodman und auch sonst das Wort *Werk* bezeichnet. Diese Erweiterung ist im übrigen ausdrücklich erstrebt, zumindest auf plastischem Gebiet: „Ich habe ständig von Kunstwerken gesprochen, aber muß der Stil, wie ich ihn hier auffasse, auf die Werke beschränkt werden, oder könnten wir nicht in unserer Definition das Wort *Werk* durch *Objekt* oder durch *irgend etwas* ersetzen? Unsere Definition appelliert im Gegensatz zu anderen nicht an eine künstlerische Intention. Das, worauf es ankommt, sind die symbolischen Eigenschaften, gleichgültig ob sie der Künstler nun gewählt hat oder nicht, und gleichgültig sogar, ob er sich ihrer bewußt war oder nicht; und symbolisieren können auch andere Dinge als Werke."[2]

Dasselbe gilt jedoch auch für die sprachlichen Objekte, mit der einen Einschränkung, daß diese niemals, wie ein „klassisches" Gebirge oder ein „romantischer" Sonnenuntergang, durch und durch natürliche Objekte sein können, denn die lexikalischen Elemente und grammatikalischen Strukturen sind auf ihre Weise Artefakte. Doch ist es möglich, daß der Zufall es übernimmt – oder beauftragt wird –, wie bei den surrealistischen und Ouliposchen Spielen unter den Elemen-

---

1 Die grundsätzliche Unterscheidung zwischen diesen drei Ebenen schließt keineswegs zahllose Fälle von Überschneidung aus: zwischen dem Thematischen und dem Stilistischen, wie die typischen Worte des vergilischen Rades illustrieren; zwischen Disposition und Elokution, wie es sich in der Bindung sprachlicher Formen an narrative Entscheidungen zeigt, oder, mechanischer, in den vom Reim gebotenen Worten.
2 *Weisen der Welterzeugung,* S. 40.

ten auszuwählen und die Strukturen zu füllen, und jeder weiß, daß ein „Cadavre exquis" oder ein „*n* + 7" unversehens einen Stil, präexistent oder nicht, exemplifizieren kann: in Wirklichkeit wird dabei sogar *unvermeidlich* ein Stil exemplifiziert, wie bei jeder sprachlichen Äußerung. Einfacher und häufiger, und genauso unvermeidlich, exemplifiziert auch ein für nicht-literarische Zwecke abgefaßter Text stilistische Eigenschaften, die ihn zum Objekt einer positiven oder negativen ästhetischen Wertung machen können. Ich habe schon daran erinnert, daß Stendhal den Code civil wegen seiner exemplarischen Nüchternheit (wegen der Nüchternheit, die er exemplifizierte) bewunderte, so sehr, daß er bei der Niederschrift von *La Chartreuse de Parme* jeden Morgen einige Seiten las und sie als Vorbild nahm. Damit ist der Code nicht zu einem „literarischen Werk" geworden – ein Begriff, der, wie mir scheint, an eine hier zweifelhafte[1] künstlerische Intention appelliert –, aber zumindest doch zu einem (sprachlichen) ästhetischen Objekt. Ein Satz wie „Tout condamné à mort aura la tête tranchée"[2] kann sowohl als Prachtexemplar eines konzisen Stils genommen, wie auch, wie es Malherbe bei gewissen Versen von Desportes tat, wegen der Kakophonie *mort aura* getadelt werden. In beiden Fällen und unabhängig von jeder moralischen Wertung wird der Satz von einem stilistischen Gesichtspunkt aus beurteilt und in die „signifikative Gesamtheit" der *konzisen* oder *kakophonischen Sätze* eingereiht. In beiden Fällen wird ein stilistisches und mithin ästhetisches Prädikat auf einen Text angewendet, der nicht *stricto sensu* ein literarisches Werk ist, und dieses Urteil

---

1 *Zweifelhaft* bedeutet nicht „ausgeschlossen": ich nehme nur an, daß uns dieser Aspekt der Verfasserintentionen unbekannt ist. Die Frage ist letztlich unentscheidbar: zumindest wollten die Verfasser so korrekt und klar wie möglich schreiben, und die Grenze zwischen diesem Bestreben und einem ästhetischen ist äußerst durchlässig.
2 Ich garantiere nicht für die Echtheit dieses Schlüssel-Satzes, der jedenfalls in dieser Form nicht im Code civil stehen kann.

verleiht ihm zumindest eine, positive oder negative, Literarität, die sein Autor vermutlich nicht gesucht oder auch nur vorausgesehen hat.[1]

Diese Möglichkeit einer Literarisierung *a posteriori* stellt zumindest ein praktisches oder methodologisches Problem dar, wie viele der Kontroversen über die „Validität" von Interpretationen zeigen. Das Problem besteht in der Legitimität von Initiativen oder einfach von Reaktionen seitens des Lesers, wenn sie nicht von der Intention des Autors gedeckt sind. Solche Grenzüberschreitungen sind allerdings nicht mehr und nicht weniger frevelhaft als die zahllosen Fälle von an natürlichen Objekten oder Artefakten, deren initiale oder intentionale Funktion ganz anderer Art war, praktizierter „ästhetischer Wiederverwertung" – etwa wenn man wegen seines (zumindest) dekorativen Werts einen Kiesel oder einen Amboß auf den Kamin stellt. Die stilistischen Vereinnahmungen rühren jedoch bisweilen von einem gewollten oder ungewollten Mißverstehen der ursprünglichen Bedeutungen her, welches manchmal unbestreitbar an eine sprachwidrige Interpretation grenzt. Wenn ein moderner Leser in einem klassischen Text den Ausdruck *heureux succès*[2] findet und ihn als (ungeschickten oder glücklichen) Pleonasmus wertet, dann weicht diese Lektüre zweifellos von der Bedeutungszuweisung einer Epoche ab, in der *succès* noch keinen positiven Wert hatte,

---

1 Die Vorstellung eines unfreiwilligen Stileffekts ist einer intentionalistischen Stilistik wie der Riffaterres fremd. Kompatibler ist sie mit einer kausalistischen Konzeption, für die die stilbestimmenden Determinationen unbewußt sein können. Diese Position verbindet sich oft mit einer *Aufwertung* der unfreiwilligen Effekte – dessen, was Sainte-Beuve „die Glücksfälle der Feder, die nur einem Einzigen gegeben sind" (*Port-Royal*, Paris, „Bibl. de la Pléiade", I, S. 639) nannte und die für ihn das wahre Talent ausmachen (ich vermute jedoch, daß er seine eigenen sorgfältig kalkulierte). Dies ist ein Sonderfall der erwähnten (S. 38) Debatte.

2 Siehe Riffaterre, *Strukturale Stilistik*.

sondern nur die Bedeutung von „Resultat". So kämpfen die Puristen für eine rigoros historische Lektüre, die von jeder anachronistischen Färbung purgiert ist: man müßte die alten Texte so lesen wie ein damaliger Leser, der ebenso kultiviert war wie der Autor und über dessen Intentionen bestmöglich informiert war, es konnte. Mir scheint ein solcher Standpunkt exzessiv, im übrigen auch aus tausend Gründen utopisch und genauso geschichtsblind wie der umgekehrte, weil er (unter anderem) die unvorhergesehenen, durch die Entwicklung der Sprache erzeugten Stileffekte nicht berücksichtigt, die für die alten Texte sind, was die Patina für die Denkmäler: eine Spur der Zeit, die am Leben des Werks teilhat und die eine allzu energische Restaurierung zu Unrecht entfernen würde, denn es entspricht nicht der historischen Wahrheit, daß das Alte neu aussieht. Die richtigste Haltung, scheint mir, bestünde darin, zugleich der ursprünglichen (denotativen) Bedeutungsintention und dem von der Geschichte hinzugefügten (konnotativen) stilistischen Wert Gerechtigkeit widerfahren zu lassen: zu wissen, daß *heureux succès* einfach „succès" bedeutet und den stilistischen Wert anzuerkennen, die für uns diese Redundanz, die zum ästhetischen Geschmack des Textes beiträgt, *a posteriori* hat. Insgesamt würde die freilich leichter auszugebende als zu befolgende Parole lauten: Purismus bei der Denotation, welche der auktorialen Intention untersteht; Großzügigkeit bei der Exemplifikation, die der Autor niemals ganz beherrschen kann und die sich eher nach der Aufmerksamkeit des Lesers richtet.

Doch die Geschichte zerstört ebensoviel, wie sie hinzufügt, wenn nicht noch mehr, und auch an den stilistischen Effekten nagt der Zahn der Zeit: so war das für uns banale Wort *réussite* im siebzehnten Jahrhundert ein betonter, fast aufdringlicher Italianismus. In solchen Fällen hängt die Stilwahrnehmung von einer restaurativen Anstrengung ab, die, wie im umgekehrten Fall die Bewahrung des Sinns, der historischen Information angehört. Die Komplexität solcher Manöver

147

zeigt, daß in der Literatur wie auch sonst die „Rezeption" der Werke keine einfache Sache ist, die man der Routine oder der Laune überlassen könnte, sondern eine aktive und delikate Tätigkeit, die ebensoviel Klugheit wie Initiative verlangt und bei der die ästhetische Beziehung durch ein Maximum an Kenntnissen zur Geltung kommt: ganz ohne Wissen kein Geschmack („pas de saveur sans quelque savoir").

Der Stil ist also der Ort der konditionalen Literaritäten par excellence, das heißt für die, die nicht automatisch durch ein konstitutives Kriterium wie die Fiktionalität oder die poetische Form gegeben sind. Aber *Ort* heißt hier eben nicht „Kriterium" oder „hinreichende Bedingung": weil jeder Text seinen Stil hat, würde das bedeuten, daß jeder Text literarisch wäre, während in Wirklichkeit jeder Text nur *potentiell* literarisch ist. *Ort* bedeutet lediglich „Terrain": der Stil ist ein Aspekt, der einem per definitionem subjektiven ästhetischen Urteil zugänglich ist, welches eine ganz relative (das heißt: von einer Relation abhängende) Literarität ohne irgendeinen Universalitätsanspruch bestimmt. Die konstitutive Literarität eines Romans oder eines Gedichts ist Gegenstand einer logisch unumgänglichen Zustimmung (weil der Roman oder das Gedicht „literarische Gattungen" sind), sofern man nicht als Tatsachenurteil verkleidet („dieser Roman ist kein literarisches Werk"), was in Wirklichkeit ein Werturteil ist („dieser Roman ist vulgär"). Die Literarität einer Seite von Michelet, von Buffon, Saint-Simon (wenn man nicht die Geschichtsschreibung, die Naturgeschichte oder die Memoiren als konstitutiv literarische Gattungen ansieht) oder eines Satzes aus dem Code civil hängt dagegen – unter anderem[1] – von einer ästhetischen Wertung ihres Stils ab.

---

1 Dies ist eine Vorbehaltsklausel. Es gibt noch weitere Möglichkeiten konditionaler Literarität, zum Beispiel bestimmte narrative Verfahrens-

Weil der Stil die Sprache als ihre Exemplifikationsmöglich-
keit überall begleitet, versteht es sich von selbst, daß diese
Dimension auch bei den konstitutiven Literaritäten nicht
fehlen kann: bei Flaubert oder Baudelaire gibt es, naiv gesprochen, „genausoviel" Stil wie bei Michelet oder Saint-Simon.
Aber er bestimmt nicht in so ausschließlicher Weise das
Literaritätsurteil, und er ist, *unter diesem Gesichtspunkt*, wie
ein zusätzliches Argument und ein Zuschuß an ästhetischem
Vergnügen. Ein Roman muß nicht „gut geschrieben" sein,
um der Literatur, der guten oder schlechten, anzugehören:
dazu, was kein besonderes Verdienst ist (oder genauer: was
keine Frage des Verdienstes ist), genügt es ihm, Roman, also
Fiktion zu sein, so wie es bei einem Gedicht genügt, daß es
den, historisch und kulturell variablen, Kriterien der poetischen Diktion genügt.

Der Stil definiert also in gewisser Weise einen *Mindest*grad
an Literarität, nicht in dem Sinn, daß die von ihm determi-
nierte Literarität besonders schwach wäre, sondern insofern,
als sie weniger durch andere Kriterien (Fiktionalität, Poetizität) gestützt ist und ausschließlich von der Einschätzung des
Lesers abhängt. Dieser Minimalzustand jedoch, so aleato-
risch sein ästhetischer Wert auch sein mag, ist an sich materiell
irreduzibel, denn er besteht aus dem *Sein* des Textes, das von
seinem *Sagen* zwar unterschieden, jedoch untrennbar ist. Es
gibt keinen zugleich transparenten und nicht-wahrnehmba-
ren Diskurs, denn es kann keinen geben. Es gibt zweifellos in
rezeptiver Hinsicht opake Zustände, so wie allgemein für
jeden die Worte und Sätze einer unbekannten Sprache. Der
geläufigste Zustand ist jener Zwischen oder vielmehr *Misch*-
zustand, in dem sich die Sprache gleichzeitig als Zeichen
auslöscht und als Form wahrnehmen läßt. Die Sprache ist
weder gänzlich Leiter, noch gänzlich Widerstand, sie ist

---

weisen in der nichtfiktionalen Erzählung (siehe oben, S. 91). Doch im
weiten Sinn umfaßt *Stil*, aus gutem Grund, dies alles.

immer halb-leitend oder semi-opak, und mithin immer zugleich als denotativ intelligibel und als exemplikativ perzeptibel. „Denn die Ambiguität des Zeichens", sagt Sartre, „besagt, daß man es sowohl wie eine Glasscheibe durchdringen und durch sie hindurch die bedeutete Sache verfolgen, als auch sich seiner Realität zuwenden und es als Objekt betrachten kann".[1] Doch was Sartre der poetischen Sprache vorbehielt, gilt für jeden Diskurs.

Sicher ist klar geworden, daß es hier nicht darum geht, auf eine neue Definition des Stils eine neue Praxis der Stilanalyse zu gründen. In gewisser Weise scheint mir die existierende Praxis bei Stilistikern wie Spitzer und mehr noch bei den Kritikern, sofern sie sich seine Lehren zu Herzen nehmen, der Realität des Stils mehr zu entsprechen als die methodischen Prinzipien oder die theoretischen Erklärungen, die uns diese Disziplin geliefert hat. Und das einzige Verdienst der vorgeschlagenen Definition scheint mir insgesamt darin zu bestehen, daß sie mehr als andere der Weise entspricht, wie zum Beispiel Proust den Stil Flauberts analysierte: er fragte nicht, *wo* und *wann* in dessen Romanen „stilistische Fakten" erscheinen, sondern *welcher* Stil sich durch seinen konstanten Sprachgebrauch konstituiert und welche einzigartige und kohärente Weltsicht sich durch diesen ganz besonderen Gebrauch der Zeiten, der Personen, der Adverben, der Präpositionen und der Konjunktionen ausdrückt und vermittelt. Eine solche „deformierende Syntax" kann nicht Sache isolierter „Details" sein, die durch ein besonders raffiniertes Verfahren aufzufinden wären: sie ist vielmehr untrennbar von einem sprachlichen Gewebe, welches das Sein des Textes selbst

---

1 *Situations*, II, S. 64. Das gilt offenbar für jede Repräsentation und insbesondere für die künstlerische. Siehe J. M. Schaeffer, Vorwort zu A. Danto, *La Transfiguration du banal*, Paris, 1989, S. 17.

ausmacht. Ich erinnere mich an ein in gewisser Hinsicht für diese Debatte emblematisches Gespräch zwischen einem Stilistiker und einem Kritiker während einer Dekade in Cerisy. Gérald Antoine hatte in einem Vortrag zum Stand seiner Disziplin die berühmte Formel Aby Warburgs „Der liebe Gott steckt in den Details", die sehr wohl die Devise der Stilistiker abgeben könnte, zitiert. „Ich würde", antwortete darauf Jean-Pierre Richard als echter Strukturalist, „eher sagen, daß der liebe Gott *zwischen* den Details steckt".[1] Nimmt man an, daß der Stil hier den lieben Gott darstellt, und daß es zwischen den Details noch weitere Details gibt, sowie das ganze Netz ihrer Beziehungen, dann drängt sich der Schluß auf: der Stil steckt in den Details, aber in *allen* Details, und in allen ihren Beziehungen. Das „Stilfaktum" ist der Diskurs selbst.

---

1 Siehe G. Poulet (ed.) *Les chemins actuels de la critique,* Paris, 1967, S. 296 und 310.